연구보고서 2017-26

노인의 지역사회 계속 거주 (Aging in place)를 위한 장기요양제도 개편 방안

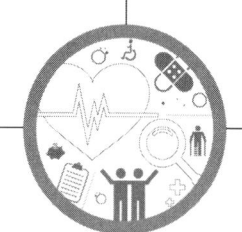

이윤경·강은나·김세진·변재관

한국보건사회연구원

【책임연구자】
이윤경　한국보건사회연구원 연구위원

【주요 저서】
장기요양등급판정 체계 개편에 관한 연구
국민건강보험공단·한국보건사회연구원, 2016(공저)

노인복지정책 진단과 발전방안 모색
한국보건사회연구원, 2016(공저)

【공동연구진】
강은나　한국보건사회연구원 부연구위원
김세진　한국보건사회연구원 전문연구원
변재관　한일사회보장정책포럼 대표

연구보고서 2017-26

노인의 지역사회 계속 거주(Aging in place)를 위한 장기요양제도 개편 방안

발 행 일	2017년 12월
저　　자	이 윤 경
발 행 인	김 상 호
발 행 처	한국보건사회연구원
주　　소	[30147]세종특별자치시 시청대로 370 세종국책연구단지 사회정책동(1층~5층)
전　　화	대표전화: 044)287-8000
홈페이지	http://www.kihasa.re.kr
등　　록	1994년 7월 1일(제8-142호)
인 쇄 처	㈜다원기획
가　　격	6,000원

ⓒ 한국보건사회연구원　2017
ISBN 978-89-6827-478-7　93330

발간사

　노인의 지역사회 계속 거주(Aging in place, 이하 AIP)는 노인이 생활하던 지역에서 노년기를 보내는 것이 바람직하다는 노인복지 실천의 가치로서 활동적 노화(active aging), 성공적 노화(successful aging) 등과 함께 노인복지의 지향점으로 제시되고 있다.
　특히 최근 AIP는 노인 개인의 행복과 삶의 질 차원뿐 아니라 사회국가적 측면에서도 고령화로 인한 사회적 지속 발전 가능성을 위한 대안으로서 제시되고 있다. 전 세계적으로 고령화가 계속적으로 진행됨에 따라 과거 방식의 노인정책 유지의 어려움과 함께 노인과 노년기에 대한 인식 변화 등으로 인해 AIP가 부각되고 있다. AIP는 해외 여러 국가에서 노인복지의 정책적 목표로서 지향하고 있으며, 이를 달성하기 위한 다양한 노력을 하고 있는 것으로 나타난다.
　노인복지정책의 역사가 길지 않은 우리나라에서도 노인복지의 방향으로 AIP를 제시하고 있으나, 구체적 개념이나 범위에 대한 논의는 초기 단계에 있다. 또한 노인장기요양보험을 비롯한 노인을 대상으로 한 정책이 AIP를 지향하고 있으나 실제적으로 노인이 지역에서 계속 거주할 수 있도록 촘촘한 설계와 운영에 대한 평가는 이루어지 못하였다. 향후 노인이 지역에서 계속 거주하며 생활하기 위해서는 AIP의 개념과 목표를 명확히 하고, 이의 달성을 위한 관련 제도의 현황 진단과 그에 따른 개선이 이루어져야 할 것이다.
　본 연구에서는 우리나라에서 정책적 목표로서 활용할 AIP의 개념 정의를 위해 노인과 전문가가 희망하고 생각하는 AIP의 개념을 정의하고, 현재 실천되고 있는 노인장기요양제도를 비롯하여 AIP 정책 사례를 평가하고 특히 AIP 실천의 제한 요인을 밝히고자 한다. 이를 통해 향후 AIP 실천을 위한 노인장기요양보험을 비롯한 지역단위에서의 정책 개선방안을 제안하고자 한다.

본 보고서는 이윤경 연구위원의 책임하에 원내의 강은나 부연구위원, 김세진 전문연구원, 원외의 변재관 한일사회보장정책포럼 대표에 의해 작성되었다. 본 연구진은 바쁘신 중에도 본 연구의 진행 과정에서 계속적인 자문을 주신 본원의 정경희 선임연구위원과 엄기욱 군산대학교 사회복지학과 교수에게 감사드린다. 또한 본 연구의 전문가 조사에 응해 주신 전문가와 인터뷰에 응해 주신 노인분들께 감사의 마음을 전한다.

2017년 12월
한국보건사회연구원 원장
김 상 호

목 차

Abstract ·· 1
요 약 ·· 3

제1장 서론 ·· 9
제1절 연구의 배경 및 목적 ·· 11
제2절 연구의 내용 및 방법 ·· 14

제2장 이론적 배경 ·· 19
제1절 노년기 지역사회 계속 거주(Aging in place)의 개념 ······················· 21
제2절 장기요양과 Aging in place(AIP) ·· 27

제3장 외국의 장기요양제도에서 지역사회 계속 거주(AIP) 실천사례 ·· 33
제1절 노인장기요양에서의 AIP 국제 동향 ·· 35
제2절 일본의 지역사회 중심 개호보험 변화 ·· 41
제3절 독일의 재가중심 장기요양보험 개혁 ·· 57
제4절 네덜란드 돌봄개혁을 통한 AIP 실천모형 ·· 63
제5절 한국 AIP 중심 노인보호 개편의 시사점 ·· 71

제4장 노인과 전문가의 지역사회 계속 거주(Aging in place)에
　　　 대한 인식 ·· 75
제1절 노인의 관점에서의 AIP에 대한 의견 ··· 77
제2절 전문가의 지역사회 계속 거주(AIP)에 대한 의견 ··························· 104
제3절 노인과 전문가의 AIP 인식 차이 ·· 124

제5장 AIP 관점에서의 노인생활 실태 및 노인장기요양 진단 ········ 127
제1절 노인 및 장기요양인정자의 재가보호 실태 ····························· 129
제2절 노인장기요양 및 기타 제도의 AIP 저해요인 분석 ················ 158

제6장 AIP 실현을 위한 장기요양 및 돌봄제도 개편 방안 ············ 167
제1절 일상생활 수행 제한 노인의 AIP 실천방향 ···························· 170
제2절 노인장기요양제도의 정책개선 ·· 175
제3절 의료 및 일상생활 지원, 주택 등의 서비스 개발 ··················· 179

참고문헌 ··· 183

표 목차

〈표 2-1〉 이용자 특성 비교 ·· 29
〈표 2-2〉 서비스 제공자 특성 비교 ·· 30
〈표 2-3〉 재원 특성 비교 ·· 31
〈표 3-1〉 국가별 고령화율 추이 ·· 35
〈표 3-2〉 GDP 대비 공공사회복지지출 변화 추이 ·················· 36
〈표 3-3〉 GDP 대비 노인복지지출 변화 추이 ························ 37
〈표 3-4〉 GDP 대비 장기요양지출 변화 추이 ························ 37
〈표 3-5〉 OECD 주요국 시설 이용률 및 재가 입소율 ············ 39
〈표 3-6〉 지역포괄케어시스템의 5가지 구성요소 ···················· 47
〈표 3-7〉 상호협력적 지역포괄케어시스템 마련을 위한 방안 ··· 48
〈표 3-8〉 서비스형 고령자주택의 비용 체계 ·························· 56
〈표 3-9〉 네덜란드의 2015 개혁 이전 보건의료·복지 체계 ···· 63
〈표 4-1〉 지역사회 거주 사례조사 대상 노인의 특성 ············· 79
〈표 4-2〉 재가서비스 이용 사례조사 대상 노인의 특성 ·········· 80
〈표 4-3〉 시설 거주 사례조사 대상 노인의 특성 ··················· 81
〈표 4-4〉 사례조사 대상 노인이 생각하는 노년기 거주지 이전 ··· 88
〈표 4-5〉 사례조사 대상 노인이 생각하는 건강 악화 시 거주지 이전 ··· 91
〈표 4-6〉 사례조사 대상 노인이 생각하는 노인용 주택 거주 ··· 93
〈표 5-1〉 노인의 일반적 특성에 따른 주택 점유 형태 ·········· 130
〈표 5-2〉 노인세대와 비노인세대의 주택 점유 형태 ············· 131
〈표 5-3〉 노인의 일반적 특성에 따른 주택 유형 ·················· 132
〈표 5-4〉 노인가구주와 비노인가구주의 주택 유형 ··············· 133
〈표 5-5〉 노인의 일반적 특성에 따른 주거 위치 ·················· 134
〈표 5-6〉 주택 건축 연도 ·· 135
〈표 5-7〉 노인 주거공간의 편리성 ······································· 135
〈표 5-8〉 연령대별 불편한 주택공간 3순위 ·························· 136

〈표 5- 9〉 노인의 집과 주요 지역사회 환경과의 접근성 ················· 137
〈표 5-10〉 외출 시 주로 이용하는 교통수단 ····························· 138
〈표 5-11〉 외출 시 불편 사항 ··· 139
〈표 5-12〉 지역 내 부족하거나 이용하기 어려운 시설이나 장소 ········ 140
〈표 5-13〉 주거환경에 대한 만족도 ·· 140
〈표 5-14〉 전반적인 주택 및 주거환경 만족도 ····························· 141
〈표 5-15〉 현재 거주하고 있는 주택의 개·보수 경험 및 개·보수 부분 ········ 141
〈표 5-16〉 현재 거주하고 있는 주택의 개·보수 필요성 및 필요 부분 ········ 142
〈표 5-17〉 신체적 기능상태에 따른 노인가구 형태 ······················· 143
〈표 5-18〉 신체적 기능상태에 따른 주거환경 ······························ 144
〈표 5-19〉 신체적 기능상태에 따른 지역환경 ······························ 145
〈표 5-20〉 노인가구주의 향후 이사 계획 여부 및 시점 ·················· 146
〈표 5-21〉 이사 의향이 있는 노인가구주의 일반적 특성 ················ 147
〈표 5-22〉 향후 이사 계획 이유(중복 응답) ·································· 148
〈표 5-23〉 향후 이사하고자 하는 주택의 규모(평수 기준) ··············· 148
〈표 5-24〉 향후 이사하고자 하는 주택의 방 수 및 소유 형태 ········· 149
〈표 5-25〉 노인가구주의 향후 살고 싶은 생활양식 ······················· 149
〈표 5-26〉 노후를 보내고 싶은 지역 및 주거 형태 ························ 150
〈표 5-27〉 노인가구주의 향후 살고 싶은 주택 유형 ····················· 151
〈표 5-28〉 노인가구주의 향후 살고 싶은 주택의 규모(평수 기준) ····· 151
〈표 5-29〉 노인가구주의 현재 주택 규모 대비 향후 살고 싶은 주택의 규모 비교(평수 기준) · 152
〈표 5-30〉 연도별 노인인구 대비 인정률 ···································· 153
〈표 5-31〉 연도별 인정조사 신청자 대비 인정률 ·························· 154
〈표 5-32〉 장기요양등급별 요양병원 이용자수 ····························· 155
〈표 5-33〉 연도별·서비스 유형별 급여 이용자수 추이 ··················· 156
〈표 5-34〉 재가급여 월한도액과 시설급여 월수가의 비교 ··············· 160
〈표 5-35〉 노인주거복지시설 현황 ··· 164
〈표 6-1〉 일상생활 기능항목별 노인의 제한율과 기능항목별 특성 ····· 172

그림 목차

[그림 1-1] 연구체계도 ·· 17
[그림 3-1] 지역포괄케어시스템 ·· 44
[그림 3-2] 노인의 지역사회 계속 거주를 위한 의료·개호 서비스 보장 강화 방안 ·········· 45
[그림 3-3] 지역포괄케어시스템 구축 과정 ··· 46
[그림 3-4] 이바라키형 지역포괄케어시스템 ·· 50
[그림 3-5] 일본의 노인주거복지모델의 변화 ··· 53
[그림 3-6] 네덜란드의 보건의료 복지체계 개혁 ··· 64

Abstract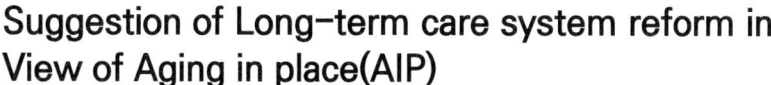

Suggestion of Long-term care system reform in View of Aging in place(AIP)

Project Head · Lee, Yunkyung

Aging in place(AIP) is the core idea of elderly's welfare around the world. Because it is a way for the elderly to be well-being and to reduce social costs of caring the elderly. Despite this tendency, there is an increasing facility usage of elderly in Korea. So, this study is aimed to propose long-term care policy alternatives for the elderly to live long in the friendly home or community with their friendly person. Especially, the elderly with disability in activity of daily living(ADL) is a major target in this paper. This study consists of four parts. Part 1 reviews previous studies about AIP concept and AIP in long-term care. Part 2 looks for implications through studying long term care in Germany, Japan, and the Netherlands. Part 3 is conducted the elderly and expert opinion survey about AIP. Part 4 analyzed the elderly's AIP situation and evaluated long term care policy in view of AIP. The last part makes policy suggestions for the elderly's AIP. The major finding is a difference between ideal and reality of AIP concept as a result of the eld-

---

Co-Researchers: Kang, Eunna · Kim, Sejin · Byeon, Jaekwan

erly and expert opinion survey. And current policies are not suitable for realizing the AIP of the elderly with disabilities. So the following policy reforms are required. First, Long term care system must be changed direction for home-community care and In-home benefits must be increased to institutional benefits level. Second, the policy must be strengthened supports for the family carer. Third, various elderly housing models with daily and care service are introduced and home visit medical care should be expanded.

*key words: Aging in place(AIP), Long-term care, home-community based care

요 약

1. 연구 배경 및 목적

노인의 지역사회 계속 거주(Aging in place, 이하 AIP)는 노인이 생활하던 지역에서 노년기를 보내는 것이 바람직하다는 노인 복지 실천의 가치로서 이미 인간이 갖고 있는 심리적 특성을 정책적 방향에 반영한 관점이다. 노년기 지역사회 계속 거주(AIP) 관점은 성공적 노화(successful aging), 활동적 노화(active aging)와 함께 노인복지의 지향점으로 제시되고 있다. 특히 최근 AIP는 노인 개개인의 행복과 삶의 질 차원뿐 아니라 사회국가적 측면에서도 고령화로 인한 사회적 지속발전 가능성을 위한 대안으로서 제시되고 있다. 노인복지정책의 역사가 길지 않은 우리나라에서도 노인복지의 방향으로 AIP를 제시하고 있으나, 구체적 개념이나 범위에 대한 논의는 초기 단계에 있다. 따라서 AIP를 사용하는 전문가에 따라, 정책 설계자에 따라 합의된 내용을 갖고 있지 못한 것으로 보이며, 특히 AIP의 당사자인 노인이 생각하는 의미와 모습에 대해서는 연구된 바가 없다. 또한 현재 이루어지고 있는 AIP의 구체적인 실천사례와 성과에 대해서는 아직 평가되지 못하고 있다. 본 연구에서는 우리나라에서 정책적 목표로서 활용할 AIP의 개념 정의를 위해 노인과 전문가가 희망하고 생각하는 AIP의 개념을 정의하고, 현재 실천되고 있는 노인장기요양제도를 비롯하여 AIP 정책 사례를 평가하고 특히 AIP 실천의 제한요인을 밝히고자 한다. 또한 외국에서 실천되고 있는 AIP 사례에 대한 분석을 통해 향후 노인의 AIP 실천을 위한 정책적 대안을 제시함을 목적으로 한다.

2. 주요 연구결과

가. 노인과 전문가의 지역사회 계속 거주(Aging in place)에 대한 인식

지금까지 검토한 연구결과에서 나타난 AIP의 개념과 노인과 전문가 관점에서 보는 AIP 개념의 핵심은 요양시설이 아닌 일반 거주지로 이는 AIP에서 매우 필수적 요소로 보인다. 이러한 경향은 현재 우리나라 요양시설의 서비스 제공 형태가 노인의 개별성과 자율성을 보장하는 것에 한계를 갖고 있기 때문에 더욱 부각되는 것으로 판단된다. 노인들은 가능한 한 오래 집이라는 거주 형태에서 살기를 희망하고 있다. 그러나 이를 저해하는 가장 큰 요인은 건강요인이며, 간접적인 요인은 혼자 또는 노부부만이 일상생활을 할 수 없는 상황에 처할 경우 이를 극복할 수 있는 서비스가 제공되지 않는다는 점이다. 즉, 노인의 지역사회 계속 거주를 위한 초점은 노인의 건강이 악화되었을 때 이를 보완할 수 있는 서비스 체계 구축이라는 결론에 이른다.

나. 외국의 장기요양에서의 AIP 실천개혁

일본과 독일, 네덜란드는 대표적으로 고령화율이 높고 사회보장제도의 성숙으로 높은 복지 수준을 유지하는 국가이다. 이들 3개국에서는 장기요양제도의 개혁을 실시하였으며 그 핵심으로 노인의 지역사회 계속 거주를 위한 AIP를 실천하기 위한 다양한 방안이 모색되고 있다.

첫째, 지역을 기반으로 한 장기요양, 노인돌봄 체계로의 전환이 명확히 제시되고 있다. 독일을 비롯한 일본과 네덜란드 모두 지역을 기반으로 한 돌봄체계로의 전환을 명시하고 있다.

둘째, 지역단위의 서비스 제공을 위한 욕구사정과 서비스 계획, 서비스 제공 등의 사례관리 체계화가 이루어졌다. 3개국 모두 사례관리의 운영 주체는 다소 차이가 있으나, 지역을 기반으로 한 AIP를 위해서는 사례관리의 필요성에 따른 개편이 이루어졌다는 공통점을 갖는다.

셋째, 독일과 네덜란드의 경우, 가족 자원의 적극적 활용을 위한 노력이 이루어지고 있다. 특히 독일은 가족이 노인을 돌볼 수 있도록 다양한 지원이 이루어지고 있어 가족이 비공식 수발로서 공식적 서비스에 대한 보완적 역할이 아닌 급여 제공, 사회보험권 부여, 휴가, 대체급여 제공 등의 가족을 돌보는 것에 대한 사회적 인정이 이루어지고 있다.

넷째, 다양한 고령자용 주거 형태에서의 재가서비스 이용을 적극 활용하고 이를 지지하고 있다. 노인의 지역사회에서 계속 거주를 위해서는 현재의 집, 주거지의 불편함을 해소하면서도 시설에 입소하지 않는 방안으로서 고령자용 주거 형태를 다양하게 활용하고 있었다. 특히 최근 일본에서는 개호보험 개혁에서 서비스가 제공되는 주거 형태를 다양하게 운영하고 있으며, 독일은 주거시설은 아니지만 노인끼리 자발적으로 모여 사는 여러 거주 형태를 인정하여 재가서비스를 제공하며 이를 촉진하기 위한 추가 급여를 제공하고 있다. 네덜란드에서도 고령자용 주거지원을 실시하고 있음을 볼 수 있다.

다섯째, 노인이 지역사회에서 계속 거주하기 위해 필요한 장기요양-의료가 연계하여 이루어지며 제도 간 벽을 허물고 있다.

여섯째, 노인이 지역에서 생활하면서 필요한 생활지원 물품과 서비스를 다양화하고 복지 기술(welfare technology)의 적극 도입이 이루어지고 있다.

다. 노인의 지역사회 계속 거주(Aging in place) 실태 및 정책적 저해요인

　본인이 거주하던 집에서 계속 거주하지 못하고 요양시설이나 요양병원 등에서 장기거주하는 노인의 규모는 2016년 기준 장기요양보험에서의 시설급여이용자(148천명)와 장기요양등급자와 등급외자 중 요양병원 장기입원자(83천명) 등을 고려하면 65세 이상 노인의 약 4.0%에 해당하는 규모로 고령화율이 20%를 넘은 독일(4.1%, 2015년 기준) 수준으로 매우 높다. 또한 OECD 25개 국가의 장기요양병상수(병원 및 시설)가 노인 1,000명당 평균 48.3개인 반면, 우리나라는 58.6개로 높게 나타난다. 이와 같은 결과는 우리나라 노인은 본인의 집에서 죽을 때까지 살고 싶다는 Aging in place를 하고 싶은 욕구가 높음에도 불구하고, 실제 현실에서는 AIP를 실현하지 못하고 있는 현실을 나타내고 있다.
　현재 제도 설계상에서는 노인이 시설로 이동하지 않고 재가에서 거주하면서 서비스를 이용하는 것을 유인하거나 촉진하는 요인이 본인부담금 이외에는 없는 상태이다.
　현재 정책에서 노인의 지역 계속 거주를 저해하는 요인은 장기요양제도 내의 설계 및 운영의 제한점으로 볼 수 있다. 즉, 재가급여 이용량 부족, 시설급여와 재가급여 이용량의 형평성 부족, 공급자 중심 서비스 제공 방식, 노인 돌봄 자원으로서 가족 활용 부족, 재가급여의 주택개조 등 주거지원 부족 등이 이에 해당된다. 또한 장기요양제도 이외의 노인의 삶에 있어서 주요한 영역인 의료 서비스의 지역 내 이용 어려움과 요양서비스와의 연계 부족, 생활지원서비스 제공의 부족 등으로 분석된다.

라. AIP 실천을 위한 장기요양제도 및 돌봄제도 개편 방안

　노인과 전문가의 노년기 거주에 대한 의견 조사 결과에서 나타난 것과 같이 이상과 현실은 큰 차이를 보이고 있다. 대부분의 노인들은 살던 집에서 죽을 때까지 계속 거주하고 싶어 하며, 전문가들도 상당수가 이를 지향하고 있다. 이것이 진정한 의미의 Aging in place라고 생각한다. 향후 정책은 현실의 제한을 해소하면서 이상에 가깝게 가야 할 것이다. 이상적 AIP 실천의 가장 큰 제한 요인은 노인의 일상생활기능 제한으로 이를 극복하기 위한 정책적 대안 모색이 요구된다.

　AIP의 정책적 목표는 "노인이 거주하기를 희망하는 집 또는 장소에서 거주하면서 친숙한 사람들과 관계를 유지하면서 적절한 지원과 보호를 받으며 생활하고, 좋은 죽음(well-dying)을 맞이하는 것"으로 제안한다.

　이를 달성하고자 현재의 제도 개선방안으로는 장기요양제도에서의 재가급여량을 확대하고, 노인의 기능상태를 고려하여 노인의 상태에 따라 방문형 급여가 적절하게 제공될 수 있도록 해야 할 것이다. 이를 위해서는 노인을 중심으로 한 지역단위의 종합적 사례관리 체계 구축을 통해 노인과 가족이 지역사회 내에 거주하면서, 현재 시설급여 수준의 급여를 이용하며 지역사회 내에서 돌봄을 받을 수 있는 '종합적 관리'가 이루어질 수 있어야 할 것이다. 또한 가족 요양에 대한 중요성을 공식적으로 인정하고 이에 대한 보상과 지지가 이루어져야 할 것이다.

　노인장기요양제도에서의 개편과 함께 일상생활수행에 제한이 있는 노인이 지역에서 계속 거주하기 위해서는 노인의 이동 어려움을 고려한 방문의료 확대, 외출동행, 구매 등의 간헐적이며 소소하게 발생하는 생활의 어려움을 해소하는 일상생활지원서비스가 제공될 수 있는 체계 마련이 요구된다. 또한 노인의 지역 거주의 다양한 선택권 보장을 위해 주택개보

수 지원, 비용과 형태가 다양한 서비스가 제공되는 고령자형 주택 등의 지역 내 확대가 이루어져야 할 것이다.

*주요 용어: 노인 지역사회 계속 거주(Aging in place), 장기요양, 지역 중심 노인보호

제1장 서론

제1절 연구의 배경 및 목적
제2절 연구의 내용 및 방법

1 서론

제1절 연구의 배경 및 목적

'내 집만 한 곳이 없다(There is no place like home)'는 속담이 있듯이 인간은 누구나 '집', '사는 곳'에 대한 애착을 갖고 있다. 새로운 것에 대한 로망이 있으면서도 오래된 것에 대한 그리움, 편안함, 안정감을 갖는다. 인생주기이론에 의하면 노년기는 자아통합, 자아성찰이라고 하는 정리의 단계이며, 특히 노년기 말기로 갈수록 새로운 것보다는 이미 살고 있는 곳, 가지고 있는 관계 등에 대해 친밀감과 안정감을 느끼는 시기이다.

노인의 지역사회 계속 거주(Aging in place, 이하 AIP)는 노인이 생활하던 지역에서 노년기를 보내는 것이 바람직하다는 노인복지 실천의 가치로서 이미 인간이 갖고 있는 심리적 특성을 정책적 방향에 반영한 관점이다. 노년기 지역사회 계속 거주(AIP) 관점은 성공적 노화(successful aging), 활동적 노화(active aging)와 함께 노인복지의 지향점으로 제시되고 있다.

특히 최근 AIP는 노인 개인의 행복과 삶의 질 차원뿐 아니라 사회국가적 측면에서도 고령화로 인한 사회적 지속발전 가능성을 위한 대안으로서 제시되고 있다. 전 세계적으로 고령화가 계속적으로 진행됨에 따라 과거 방식의 노인정책 유지의 어려움과 함께 노인과 노년기에 대한 인식 변화 등으로 인해 AIP가 부각되고 있다.

AIP는 해외 여러 국가에서 노인복지의 정책적 목표로서 지향하고 있으며, 이를 달성하기 위한 다양한 노력을 하고 있는 것으로 나타난다. AIP의 개념이 정책적으로 도입된 것은 서구의 은퇴 이후 주거지를 거주환경이 좋은 지역으로 옮기거나 양로시설, 요양시설 등에서 보내던 과거 노년기 생활방식의 변화 필요성에서 유래된다. AIP의 초기 실천모형은 노년기 건강이 서서히 나빠짐으로 인해 필요로 하는 기존 거주 주택과 주거지의 불편함을 해소하기 위한 방안 모색으로 출발한다. 우선 내부 주택을 개조하는 방식, 새로운 노인 특화된 주거 모형, 더 나아가 지역사회를 고령친화적으로 개편하는 모형 등이 도입되고 있다. 점차적으로 AIP의 개념은 과거 본인의 물리적 집의 범위에서 점차적으로 지역으로 확대되는 개념으로 적용되고 있다.

또한 평균수명 증가로 인해 과거와 비교할 때 고연령 노인인구가 증가하였으며, 고연령 노인인구 증가는 신체 및 정신적 기능 저하로 인한 돌봄이 필요한 노인인구의 증가로 연결될 수 있다. 그러나 현대 사회로 접어들면서 핵가족화가 일반화되고 이로 인해 노인 혼자 또는 노인부부만이 생활하는 가구가 증가하면서, 가족 내 노인돌봄 기능은 약화되고 있으며, 많은 수의 요보호 노인들은 장기요양서비스 등을 통해 돌봄서비스를 제공받고 있다. 우리나라에 비해 일찍이 고령화와 가족구조 변화를 경험한 국가에서는 노인을 사회적 제도를 통해 돌보고 있다. 이러한 사회적 돌봄제도는 1980년대 이전에는 요양원(nursing home)이 대표적인 돌봄 방식이었다면, 최근에는 노인의 집에서 거주하면서 보호를 받는 방식으로 전환되고 있다. 즉, AIP 방식으로의 노인돌봄 메커니즘의 전환이다. 또한 이를 촉진하기 위한 재가 및 지역사회기반 서비스 확대, 노인 중심 통합적 서비스 제공체계 구축, 주택 개조 및 노인친화형 주거 제공을 비롯하여 가족의 돌봄을 지원함으로써 노인이 집에서 계속 생활하면서 보호받을 수 있도록 하는 가족지원, 현금지원 등이 이루어지고 있다.

일본의 개호보험에서는 지역사회 중심의 복지체계로의 전환 개혁을 위해 다양한 지역사회 중심 급여 개발 및 공급체계 개편을 실시하고 있다. 독일과 네덜란드, 오스트리아 등의 국가에서는 장기요양체계에서 현금급여를 활용하여 노인의 재가거주를 독려하고 있으며, 또한 가족의 적극적 인력 활용을 위한 지원, 지역사회에서 노인이 거주하기 위한 다양한 주택 지원과 보호 방식을 도입하고 있다.

노인복지정책의 역사가 길지 않은 우리나라에서도 노인복지의 방향으로 AIP를 제시하고 있으나, 구체적 개념이나 범위에 대한 논의는 초기 단계에 있다. 따라서 AIP를 사용하는 전문가에 따라, 정책 설계자에 따라 합의된 내용을 갖고 있지 못한 것으로 보이며, 특히 AIP의 당사자인 노인이 생각하는 의미와 모습에 대해서는 연구된 바가 없다. 또한 현재 이루어지고 있는 AIP의 구체적인 실천사례와 성과에 대해서는 아직 평가되지 못하고 있다.

노인장기요양보험 또한 AIP를 지향하고자 '재가보호우선'을 기본원칙으로 제시하며, 제도 도입 초기부터 재가보호 우선을 기본원칙으로 지향하였다. 이를 위해 재가보호와 시설보호의 목표 비율을 7:3 또는 8:2를 목표로 하였으나, 제도 운영 결과 재가급여 이용은 목표 수준을 달성하지 못하고 있다.

노인장기요양보험은 2008년 제도 도입시 중증자를 중심으로 운영함으로써 재가보호와 시설보호의 비율은 약 7:3이었다. 제도의 발전 과정에서 대상자 보장성 확대를 위해 경증자까지 확대하였으나 재가보호는 오히려 감소하고 있다. 실제 재가급여 이용자는 68%(2009년)에서 61%(2014년)로 감소하였으며, 특히 기능이 경증인 3등급의 재가급여는 84%(2009년)에서 67.5%(2014년)로 감소하였다. 시설보호의 증가는 노인 개인의 삶의 질뿐만 아니라 제도적으로 비용 부담을 증가시킴으로서 제도의 지속발전 가능성에도 부정적 결과를 초래하고 있다. 따라서 노인장기요양보험에서는 노인 개인의 삶의 질 유지와 사회적 차원에서의 노인보호 비용의 감소를 위해 AIP 실현을 위한 장기요양의 급여 방식, 공급체계의 개편이 요구된다.

본 연구에서는 우리나라에서 정책적 목표로서 활용할 AIP의 개념 정의를 위해 노인과 전문가가 희망하고 생각하는 AIP의 개념을 정의하고, 현재 실천되고 있는 노인장기요양제도를 비롯하여 AIP 정책 사례를 평가하고 특히 AIP 실천의 제한요인을 밝히고자 한다. 또한 외국에서 실천되고 있는 AIP 사례에 대한 분석을 통해 향후 노인의 AIP 실천을 위한 정책적 대안 제시를 목적으로 한다.

제2절 연구의 내용 및 방법

본 연구는 노인이 친숙한 지역에서 익숙한 사람들과 관계를 유지하며 오래 거주하는 Aging in place(AIP)를 위한 대안 모색을 위해 기존 문헌의 검토, AIP에 대한 현재 노인의 생각과 상태를 진단하고, 전문가의 생각과 기존 문헌 및 해외의 유사 사례 검토를 통해 지향할 방향과 대안을 제안하였다.

연구내용은 5개 장으로 구성하였으며, 각 장별 구체적 연구내용과 연구방법은 다음과 같다. 첫째, 이론적 배경에서는 기존 문헌 및 논문 검토를 통해 AIP의 개념을 정리하고, 장기요양 영역에서 제안된 AIP 실현방안 등을 검토하였다.

둘째, 해외사례 검토에서는 고령사회를 경험하고 있는 국가들의 후기 고령자에 초점을 둔 돌봄 정책의 방향과 구체적 정책 내용을 검토하였다. 우리나라 장기요양제도의 AIP 실천을 위한 대안 모색에 벤치마킹할 수 있는 국가 선정을 위해 경제협력개발기구(OECD) 회원국 중 고령화율이 우리나라에 비해 높고 최근 장기요양에서 AIP 관점을 가지고 제도를 개편한 국가를 선정하였다. 대표적 국가는 독일, 일본, 스웨덴, 네덜란드였으며, 스웨덴의 경우 개편 시기가 1992년으로 비교적 오래되었고, 장기요양제도가 사회보험 방식이 아닌 일반조세 방식으로 수행하고 있다는 점을 고려하여 검토국가에서 제외하였다. 독일, 일본, 네덜란드는 사회보험 방식의 장기요양보험을 운영 중이며, 3개 국가 모두 최근 계속적으로 노인이 지역에서 계속 거주하는 것을 촉진하기 위한 제도 개편이 이루어진 국가들이었다.

이들이 실시한 제도 개편에 대한 검토는 기존 문헌을 기반으로 하며, 독일과 네덜란드는 해외출장을 통해 현지 기관을 방문하여 취득한 관련 자료와 담당자와의 면접을 통해 개편의 구체적 내용을 파악하였다.

셋째, 장기요양과 노인정책에서 노인이 생각하는 AIP의 모습을 구현하고자 노인과 노인 관련 전문가 대상 조사를 실시하였다. 조사내용은 노인의 경우 노인이 생각하는 노년기 거주에 대한 생각과 거주 선택에서의 현실을 파악할 수 있는 문항을 구성하였으며, 전문가 조사에서는 전문가가 생각하는 AIP의 시간, 공간, 관계적 요소 및 그 이외의 요인, 그리고 시설 보호와의 관계 속에서의 개념을 파악하는 항목으로 구성하였다.

노인의 조사에 앞서 AIP 관련 연구 수행 경험이 있는 전문가를 대상으로 포커스그룹인터뷰(FGI)를 통해 AIP의 생각과 모습에 영향을 미칠 것으로 예상되는 노인의 특성을 파악하였다. 이러한 회의를 통하여 도출된 AIP의 실현의 특성-거주지역(농촌/도시)과 성(여자/남자)에 따른 AIP에 대한 인식 차이, 기능상태에 따른 거주 형태별(재가/시설) AIP 달성 모습-등을 고려하여 다양한 노인 특성이 반영되도록 면접 대상자를 구성하였다. 면접 대상 노인은 거주지역과 성별을 고려하여 4개 유형(도시 남자,

도시 여자, 농촌 남자, 농촌 여자), 현재 거주상태를 고려하여(시설거주, 재가서비스 이용 노인)의 총 6개 유형으로 구분하였다. 6개 유형의 다양한 노인과 면접할 수 있도록 대상자를 섭외하였다. 대상자 섭외는 도시지역의 경우 복지관을 통해 섭외하였으며, 농촌지역은 지인을 통한 섭외를 통해 가능한 대상자 유형에 적합한 노인을 선정하였다. 시설을 이용하는 노인에 대한 면접은 도시지역과 농촌지역을 구분하여 각 1개의 시설을 섭외하였으며 면접에 동의한 노인을 대상으로 조사를 실시하였다. 재가서비스를 이용하고 있는 노인은 방문요양과 주간보호서비스를 이용하는 노인을 대상으로 면접을 실시하였다. 6개 유형의 총 30명의 노인을 대상으로 면접을 실시하였다. 면접 대상자의 일반적 특성은 4장 1절에서 제시하였다.

전문가 조사는 노인 관련 분야(복지, 보건, 건축, 노년학 등) 전문가를 대상으로 AIP의 시간, 공간, 관계적 측면에서의 개념, AIP와 시설보호 관계, AIP 저해요인 및 정책적 개선방안에 대해 개방형 질문으로 구성된 설문문항을 이메일을 통한 서면조사로 실시하였다. 조사 대상 선정은 기존에 AIP 관련 연구 또는 논문을 작성하거나 장기요양 관련 논문을 작성한 52명을 대상으로 실시하였으며 이 중 총 33명이 응답에 응하였다.

넷째, 현재 우리나라의 AIP 실천 현황을 파악하고, 제도에서의 AIP 지향요인과 저해요인을 파악하고자 정책분석을 실시하였다. 현 노인 상태에 대한 진단을 위해 매년 발간되는「노인장기요양보험 통계연보」,「노인실태조사」, 그 외의 노인의 주거욕구 등을 파악하기 위한「주거실태조사」를 분석하였다. 또한 현재 실행되고 있는 정책의 AIP 관점에서의 평가를 위해 장기요양 홈페이지(www.longtermcare.or.kr)의 정책 설계, 장기요양 급여제공기준 자료를 활용하였다.

마지막으로 분석한 결과를 바탕으로 노인의 AIP 실천을 위한 장기요양제도를 비롯한 정책 방안을 제안하였다. 장기요양 주요 대상자인 일상생활제한노인의 AIP 실천 방안 개발을 위해 노인장기요양보험의 재가 이용 활성화를 위한 제도 개편 방안과 그 외의 지역에 거주하는 노인의 불편함을 해소하기 위한 주거정책, 건강, 복지정책의 개편 방안을 제안하였다.

[그림 1-1] 연구체계도

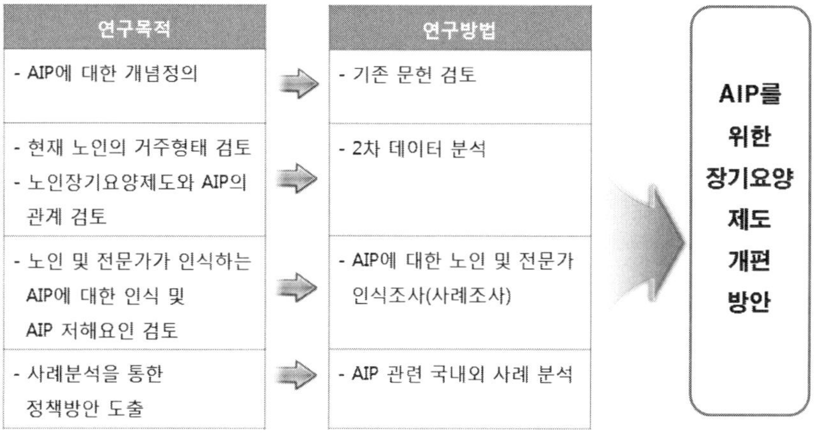

연구목적		연구방법		
- AIP에 대한 개념정의	⇨	- 기존 문헌 검토		AIP를 위한 장기요양 제도 개편 방안
- 현재 노인의 거주형태 검토 - 노인장기요양제도와 AIP의 관계 검토	⇨	- 2차 데이터 분석	⇨	
- 노인 및 전문가가 인식하는 AIP에 대한 인식 및 AIP 저해요인 검토	⇨	- AIP에 대한 노인 및 전문가 인식조사(사례조사)		
- 사례분석을 통한 정책방안 도출	⇨	- AIP 관련 국내외 사례 분석		

제2장 이론적 배경

제1절 노년기 지역사회 계속 거주(Aging in place)의 개념
제2절 장기요양과 Aging in place(AIP)

2 이론적 배경

제1절 노년기 지역사회 계속 거주(Aging in place)의 개념

1. 노년기 지역사회 계속 거주의 개념 정의

노년기 지역사회에서 계속 거주(Aging in place, 이하 AIP)의 개념은 이론적 바탕을 두기보다는 인간이 한곳에 정착하여 거주하고자 하는 정주(定住)에 대한 욕구를 정책적 방향성으로 지향하는 것이다. 인간의 욕구는 새로운 것에 대한 갈망과 함께 익숙하고 친숙한 것에 대한 편안함을 추구한다. 생애주기이론에 의하면 노년기는 자아통합의 시기로 이전 시기까지를 성찰하고 정리하는 단계이다. 따라서 지역사회에서 계속 거주(AIP)의 개념은 인간의 기본적 욕구에 대한 재발견이라고 볼 수 있다. 미국 질병예방관리센터(Center for Disease Control and Prevention)는 aging in place를 연령과 소득, 능력 수준과 무관하게 누구나 자신의 집 또는 공동체에서 안전하게, 독립적으로, 그리고 편하게 사는 상태라고 정의한다(CDC 홈페이지, 건강용어사전). 또한 세계보건기구(WHO)에서도 활동적 노화(active aging)를 설명함에 있어서 이와 같은 AIP 개념을 제시하고 있다.

지역사회에서 계속 거주(AIP)의 개념이 노인정책에서 방향성으로 제시된 초기 문건은 1982년 발표된 유엔 비엔나 국제고령화 계획(VIENNA International Plan of Action on Aging)이다(UN, 1983). 비엔나 국제고령화 계획은 고령화정책에서 고려해야 할 총 62개의 권고(recommendation)를 제안하고 있다. 이 중 권고 9와 19에서 노년기 지역사회 계속 거주(AIP)의 개념을 제시한다. 권고 9에서는 "노인 돌봄의 기본적인 원칙은 그들이 가능한 한 오랫동안 지역사회(community)에서 독립적 생활을 이끌도록 해야 한다"라고 제시함에 따라, 돌봄 측면에서 지역사회 계속 거주의 개념을 명시한다. 그리고 권고 19에서 "노인에게 집은 단지 거주지 이상으로 검토되어야 한다. 물리적인 것에 더해 심리적, 사회적 중요성을 갖는다. 따라서 정책은 가능한 한 오랫동안 그들의 집에서 계속 살도록 도와야 한다"라고 제시한다. 'Aging in place'의 'place'의 개념을 '물리적 집, 공간'에 국한하지 않는다는 것을 의미한다.

1982년의 유엔 비엔나 국제고령화 계획에서는 'Aging in place'의 용어를 직접적으로 사용하지는 않았으나, 고령자를 대상으로 하는 정책의 실천에서 돌봄과 주거라는 두 가지 측면에서 집보다 넓은 의미의 해석을 제안하고 있다. 또한 이들 권고에서도 '가능한 한'이라는 제한을 둠으로써 무조건적으로 지역사회에서 거주할 것을 제시하지는 않는다.

최근 정책과 연구에서 활용되는 AIP의 개념은 일반적으로 가능한 한 노인이 살아온 지역사회에서 익숙한 사람들과 관계를 맺으면서 계속 살아가는 것으로 정의한다. 이러한 정의에는 시간적 개념과 공간적 개념, 그리고 사람 간의 관계의 개념을 포함하고 있다. 이들 개념의 범위는 시간적 측면은 '가능한 한 오래'라는 범위, 공간적 측면은 '본인이 살던 익숙한 곳'의 범위, 관계적 측면은 '친숙한 관계'의 범위이다.

시간적 측면의 '가능한 한 오래'라고 하는 범위의 해석은 '사망 시기까지 가능하도록'으로 정의되기도 하며, 또는 '상황에 따른 가능한 한'으로 해석하기도 한다. 여기서 말하는 '가능하다'라는 범위를 어떻게 판단할 것인가, 또 누가 판단할 것인가는 다양한 의견들이 제시되고 있으며, 이는 다차원적인 상황을 고려한 논의가 필요할 것으로 보인다. 예를 들어, 본인이 스스로 일상생활을 유지하기 어려운 상태를 가능한 시간적 범위로 두고 AIP의 목표를 두기도 하며, 일상생활 유지가 어렵다면 타인의 도움을 통해 본인이 거주하던 지역에서 또는 집에서 계속 살 수 있다면 '가능한 한'의 시간적 범위는 더 길어지는 것이다. 더 나아가 사망시점까지 필요로 하는 도움을 통해서 시간을 더욱 연장시킬 수 있다는 것이다.

AIP의 개념에서 공간적 의미 'place'란 노인이 거주하고 있는 '집'의 의미에서 넓게는 지역(community)으로 보는 관점까지 다양하다. 하지만 최근에는 노후에 거주의 안정감을 갖고 살아가도록 하는 AIP의 개념에서 단순히 물리적 '집'으로 공간적 범위를 좁히기보다는 지역으로 확대하여 물리적 공간의 측면보다 지역과의 상호작용에 초점을 두면서 넓은 공간의 범위를 활용하는 경향을 갖는다. 공간의 개념이 확대된 것에는 앞서 시간적 개념을 해석할 때에도 노인의 기능상태와 연동된 해석이 달라지는 것과 같이, 익숙한 환경범위인 지역사회에서의 이주도 AIP로 해석하는 것이다. 꼭 그 집은 아닐지라도 대안적 주택에서의 노후를 보내는 것을 AIP의 범위로 두는 것이다. 그러나 공간적으로 확대된 AIP의 개념에 대한 비판 또한 존재한다. 고령자 관점에서 "익숙한 지역"의 범위는 상당히 좁고, 동일건물에서 자립동에서 개호동으로 변경되는 것만으로도 혼란을 느끼므로 이들 공간의 개념을 확대하는 것에 대해 부정적인 관점을 제시하기도 한다(조아라, 2013). 즉, 현재 AIP의 장소는 단순히 지역이라고 했으나, 이는 익숙한 장소에서 최후를 맞이하고 싶다는 고령자의 희망을 실현하기 위함이 아니라 재정 부담을 최소화하기 위한 방책으로 제기된 것이라 보는 것이 타당하다는 비판이 제기되기도 한다.

관계적 측면에서는 AIP의 물리적 환경의 익숙함뿐 아니라 사람과의 관계에 대한 익숙함의 중요성을 강조하며, 최근 연구에서는 이들 관계적 측면의 중요성을 강조한 연구들이 제시되고 있다(김수영 등, 2015; 임연옥, 2016). AIP는 일반적으로 노인이 살고 있는 집에서 그들의 지역사회에서 노인돌봄 기관과 서비스를 받으면서 계속 사는 것을 의미하며, 이를 위해서는 전제조건으로 가족 돌봄자 또는 서비스 제공자 등에 의한 보호가 반드시 있어야 함을 제시한다(Bookman, 2008).

Rowles(1983)는 AIP를 주거 정주성 측면에서 3가지 요소로 개념화하였다. 오랜 시간 동안 거주하면서 자신의 일상적이고 고유한 생활패턴을 형성하여 물리적 환경을 통제할 수 있는 상태를 물리적 내부성(physical insideness), 지인들과 맺어 온 사회적 관계를 의미하는 사회적 내부성(social insideness), 노인들의 자기정체성을 반영한 생애 추억을 의미하는 자서전적 내부성(autobiographical insideness)으로 개념화하였다(홍송이, 2017에서 재인용).

또한 AIP의 요소로서 시간, 공간, 관계적 측면뿐 아니라 노인의 존엄, 자율성, 독립성이라는 측면을 강조(조아라, 2013)하여 정의하기도 한다. 즉, 본인의 노년기 거주지에 대한 선택에서 기존의 것을 유지하는 것은 존엄한 노년을 위한 것이며, 그것은 자율적이고 독립적인 선택일 때 의미 있는 것이라는 것을 의미한다. Wiles 등(2011)의 연구에서도 노인들은 어디에서 그리고 어떻게 나이 들어갈지에 대한 선택권을 원하고 있음을 지적한 바 있으며, AIP는 독립성과 자율성을 통한 정체성, 그리고 사람들이 살고 있는 장소 안에서 돌봄 관계와 역할을 통한 정체성과 관련 있다고 제시하였다.

지금까지 논의된 AIP의 정의를 살펴보면, 노년기 공간을 둘러싼 바람직한 노년생활은 노인이 익숙한 집 또는 지역사회에서 가능한 한 오랫동안 사람들과의 관계를 유지하면서 생활하는 것이라고 정의된다. 또한 이러한 AIP가 의미를 갖기 위해서는 노인 스스로의 선택에 의한 것이어야 하며, 이는 스스로의 삶에 대한 통제권이 보장되어야 함을 전제로 하는 것이다. AIP의 개념 정의에서 볼 때, 공간적 측면과 관계적 측면은 필수적 요인으로 정의되며 시간의 측면은 공간적 측면과 관계적 측면이 유지된 상태에서의 기간을 의미한다. 일반적으로 인간의 수명을 고려할 때 주로 사망 이전에 기능저하가 발생되므로, 기능저하의 상태를 어떻게 보완 또는 극복하도록 할 것인가가 AIP의 기간을 결정하게 되는 주요한 요인일 것이다.

2. 노년기 지역사회 계속 거주(AIP)에 대한 양면성

노년기 지역사회 계속 거주(AIP)의 개념은 노년학 전 분야에서 전 세계적으로 부각되고 있다. 그 이유는 노인의 삶의 질이라는 측면과 함께 사회적 비용 절감 필요성 때문이라는 해석이다(조아라, 2013; Wiles et al., 2011). 우리나라에 앞서 고령화를 경험한 국가에서는 고령인구 증가로 인한 사회적 비용 증가를 일찍이 경험하고, 경제성장 둔화에 따른 사회적 부담 감소를 위한 노력이 이루어졌다. 특히 노인인구의 증가와 노년기 기능상태의 저하에 따른 일상생활 도움을 필요로 하는 노인이 증가하면서 AIP의 개념은 그 범위가 확대되었으며, 도움을 필요로 하는 노인을 대상으로 하는 돌봄영역을 중심으로 AIP의 비용절감 효과에 대한 의견이 제기되고 있다.

노년기 건강 악화로 인한 보호 욕구를 충족시키기 위한 '시설중심 보호 시스템'이 사회적으로 고비용을 초래함을 인식하고 최근 들어 노인보호의 방향을 '지역(또는 재가)중심 보호시스템'으로 전환하는 노력을 하고 있다. 실제로 시설보다는 재가에서 보호받는 것이 비용적으로 이득임이 증명된 연구들이 있다(Marek et al., 2000).

그러나 일반적으로 사용되는 AIP가 노인이 가지고 있는 다양한 특성을 고려하지 않고 정책적으로 비용절감이라는 목적에 앞서 해석하고 있다는 비판이 제기되기도 한다(조아라, 2013). 조아라(2013)는 AIP의 진정한 이념을 추구해야 하고, 이를 위해서 고령자 주거의 시간적 연속성, 공간적 범주, 장소 경험의 역동성, 장소의 의미, 공동체의 능력을 복합적으로 고려해야 한다고 제시하고 있다.

AIP는 고령자 삶의 방향성으로 지향되고 있으나, 반드시 긍정적인 측면만 있는 것이 아님을 연구자들은 지적하고 있다(조아라, 2013; 우국희, 2017; 홍송이, 2017; Erickson et al., 2012). 앞서 AIP의 개념에서 지역사회에서 계속 거주하고자 하는 것은 본인의 자율적이고 독립적인 선택이어야 하며, 또한 존엄한 노년을 위한 수단이어야 함을 지적한 바 있다. 즉, 이들이 유지되지 않을 경우 AIP의 진정한 의미는 퇴색될 수 있다.

우국희(2017)는 AIP가 역할, 관계, 라이프 스타일의 연속성을 수반하지 않는다면 노년의 삶의 질을 보장하지 못할 수 있으며, 자신의 집에 그대로 살아가는 것은 독립, 자유 등이 보장되지만 외로움, 무력감, 지루함 등의 고통이 수반될 수 있음을 지적한다. 또한 지역사회에 살고 있지만, 지역사회에 참여하지 않고 자신의 거주지에서 여전히 고립되어 있는 한계를 제시하며 AIP의 무조건적 맹신에 경고를 한다.

Erickson 등(2012)은 AIP를 하고 있으나 이것은 노인이 진정 원하는 것이 아닌 어쩔 수 없어 계속 집에 거주하는 것을 'stuck in aging'이라고 정의하였다. 즉, 모든 노인들이 자기 집 또는 지역에서 계속 거주하기를 희망하지 않을 수 있음을 제시한다. 홍송이(2017)도 AIP가 모든 노인에게 최선의 선택인가에 대해 신중한 고민이 필요로 함을 제시하였다. 노인이 부적합한 환경에 거주함에도 불구하고 환경 변화를 두려워하여 이사하거나 시설에 대한 부정적 인식으로 인해 살던 곳에서 계속 거주하는 것이 과연 이상적인 AIP인가에 대해 질의한다.

즉, AIP는 대다수의 고령자가 희망하는 노년기 생활의 모습이라고 생각하고 있으나, 본인 스스로의 자발적 선택과 환경적 조건이 완성되었을 때 진정한 의미가 있다는 것이다. 이주를 희망하지만 여러 조건이 부족하여 특정 장소에서 계속 거주하거나 또는 노인의 자발적 선택에 의한 거주라도 그것이 객관적 상황에 부적합하다면 적합한 AIP라고 볼 수 없다.

제2절 장기요양과 Aging in place(AIP)

기능상태가 악화되어 장기요양을 필요로 하는 고령자가 지역에서 가능한 한 오래 살 수 있도록 하는 AIP의 개념이 적용된 것은 최근의 일이다. 장기요양상태의 노인이 지역에서 오래 사는 것은 고령자 개인의 선택, 선호만으로는 달성되기 어렵기 때문이다. 따라서 장기요양에서의 AIP는 이들의 일상생활지원을 보충적으로 지원하는 방안의 개발이 함께 논의되고 있다.

1. AIP 모형: 노인돌봄서비스 제공 방식 개편을 통한 방안

Marek 등(2000)은 장기요양에서의 AIP 모델을 제시한다. 모델의 핵심은 케어코디네이션을 강조하며, 노인이 가정에서 거주하면서 필요로 하는 일상생활지원서비스, 간호서비스, 재활훈련 등의 서비스가 연속적으로 제공될 수 있도록 코디네이트 서비스를 강조한다.

미국에서 주거모형으로 알려진 Naturally Occurring Retirement Community(이하 NORC)나 빌리지(Village) 모형은 엄격한 의미에서는 노인 개인의 주택을 변경하는 것이 아닌 서비스 간 연계, 지원 인력 개발 등을 통한 지역에서 오래 거주하도록 하는 모델로 그 기반에는 코디네이트, 사례관리의 개념이 포함된 형태이다.

NORC는 지역 주민들이 고령화되면서 자연스럽게 노인인구 비율이 높아진 지역을 의미하며, 그 지역 노인들이 다른 지역이나 시설로 이동하지 않고 살던 지역 안에서 노화로 인한 일상생활상의 제약을 극복하기 위해 지역사회 서비스를 연결하면서 노인주거모형으로 발전하게 되었다. NORC는 노인, 건물주, 서비스 제공자, 기타 지역사회 파트너들이 aging in place를 보장하기 위해 지역사회 서비스를 연계하고 자원봉사 기회를 만들어내는 지역단위의 개입 모형이다(Bedney et al., 2010; Greenfield et al., 2013, p. 929에서 재인용). NORC 모형의 주된 이용계층은 고령이면서 신체적 기능제한이 있으며, 경제적으로 어려운 중산층 이하의 계층이다. 이로 인해 NORC에서 제공하는 프로그램은 전통적인 보건 및 사회복지서비스 비율이 높으며, 직원에 의해 서비스가 제공되고, 재정도 정부지원금에 대한 의존도가 높은 편이다. NORC는 독립적인 기관보다는 지역사회 내 대표기관이 주도적으로 운영하며, 주로 비영리 사회복지단체에서 맡으면서 지역사회 내 다양한 서비스와 자원을 연계하고 있다.

빌리지(Village) 모형은 노인들이 자신이 살던 집에서 계속 살 수 있도록 지원하는 것을 목표로 하며, 이를 위해 지역사회 내 서비스 제공자에 의한 서비스 공급보다는 고객인 노인이 스스로 서비스를 만들고 운영하는 모형이다. 이로 인해 NORC와 달리 정부 지원이나 기금보다는 회비에 의존하고 있다(Greenfield et al., 2013). 빌리지 모델은 2001년 매사추세츠주 보스턴시 비컨힐(Beacon Hill) 지역의 노인들이 자신들이 거주하는 지역에 가능한 한 오래 머물 수 있도록 비영리법인(Beacon Hill Village, BHV)을 설립한 것이 시초이다. 빌리지 모델의 주거 형태는 타운 밀집지역(39.1%)이 가장 많고, 다음으로 타운 내 특정 지역사회(29.0%), 싱글타운(18.0%) 등으로(이상림 등, 2016) 하나의 건물 안에서 운영되는 모델이라기보다는 특정 지역 범위 안에서 작동하고 있는 것을 볼 수 있다. 주된 이용 노인은 65세 이상, 백인 여성 비율이 높으며, 고객참여에 의한 서비스를 제공하므로 상대적으로 신체적으로 건강하고, 경제적으로 안정적인 중산층 이상의 중고령자를 선호한다. 빌리지는 주민들이 운영책임자를 직접 고용하여 노인들에게 개별적인 서비스를 제공하도록 하며, 지역사회 내 서비스 제공 기관과 계약을 체결하여 빌리지에 할인된 가격으로 서비스를 제공함으로써 빌리지 거주 노인들은 필요한 서비스를 이용하기도 한다. 서비스 이용료는 평균 500달러의 연회비를 중심으로 운영된다.

NORC와 빌리지 모형은 aging in place를 목적으로 하고, 지리적으로 한정된 지역 안에서 서비스를 제공하고, 노인들 간의 사회적 자본을 증진시키고, 노인들의 참여를 도모한다는 점에서 공통점이 있다(Greenfield et al., 2013). 그러나 두 모델은 서비스 이용자 특성과 서비스 제공자, 그리고 재정에서 분명한 차이점을 가진다(Greenfield et al., 2013). 빌리지 모형의 이용 노인은 NORC 이용 노인에 비해 상대적으로 연령대가 낮으며, 특히 85세 이상 노인 비율은 NORC 27.48%, 빌리지 18.44%이며, 75세 이하 비율은 빌리지가 높은 것으로 나타났다.

〈표 2-1〉 이용자 특성 비교

(단위: %)

구분		빌리지	NORC
서비스 이용자 연령대	50세 미만	0.50	0.49
	50-64세	9.13	7.55
	65-74세	32.30	25.93
	75-84세	39.63	39.80
	85세 이상	18.44	27.48
경제적 상태	빈곤	12.43	37.52
	경제적 불안정	12.17	27.44
기능적 건강상태	심부름 지원 필요	23.52	41.75
	개인돌봄 지원 필요	13.84	25.26

자료: Greenfield et al. (2013). A tale of two community initiatives for promoting aging in place: similarities and differences in the national implementation of NORC programs and villages. The Gerontologist, 53(6), p. 933.

서비스 제공자 특성을 비교하면, 빌리지 모형에서는 노인자원봉사자 비율이 45.69%로 가장 높아 동료 간 지원모델로서의 특성을 가지고 있으며, 다음으로 기관 직원에 의한 서비스 제공이 28.80%, 일반 봉사자 27.55%, 지역사회 기관 서비스 27.80% 등으로 나타났다. NORC 모형에서는 기관 직원에 의해 서비스가 제공되는 비율이 58.16%로 압도적으로 높은 것을 볼 수 있으며, 할인된 가격으로 지역사회기관에서 제공하는 비율이 23.88%로 나타났다. 이로 인해 평균 유급직원 수는 NORC가 3.97명, 빌리지는 1.73명으로 차이를 보였다.

〈표 2-2〉 서비스 제공자 특성 비교

(단위: %)

구분		빌리지	NORC
서비스 제공 유형별 평균	기관 직원	28.80	58.16
	노인자원봉사자	45.69	14.07
	다른 지역 봉사자	27.55	18.22
	할인된 기관에 의뢰	27.80	23.88
평균 유급직원 수		1.73	3.97
평균 무급직원 수		0.89	0.15

자료: Greenfield, et al. (2013). A tale of two community initiatives for promoting aging in place: similarities and differences in the national implementation of NORC programs and villages. The Gerontologist, 53(6), p. 934.

두 모형의 재원 특성을 보면, 빌리지 모형은 회비 비율이 47.80%로 가장 높고, 다음으로 후원/기금마련이 25.45%로 나타났다. 이에 반해 NORC는 정부지원금이나 계약 비율이 64.72%이며, 민간재단이나 기업 후원이 12.51% 등으로 나타나 두 모형 간의 재원 출처도 분명한 차이가 있는 것으로 나타났다.

〈표 2-3〉 재원 특성 비교

(단위: %)

구분	빌리지	NORC
회비	47.80	1.52
정부지원금 및 계약	2.38	64.72
민간재단 및 기업	11.48	12.51
모재단	4.27	10.85
기타 비영리기관	5.15	3.51
후원/기금마련	25.45	2.49

자료: Greenfield et al. (2013). A tale of two community initiatives for promoting aging in place: similarities and differences in the national implementation of NORC programs and villages. The Gerontologist, 53(6), p. 934.

2. AIP 모형: 대안적 주택 활용 방식

돌봄서비스 개편을 통한 AIP 실천 모형은 노인이 기존 주택이나 지역에 거주하면서 노년기 일상생활 불편함을 해소하기 위해 돌봄서비스를 이용할 수 있는 체계를 만들어 가는 모형이다.

반면 대안적 주택을 활용하는 본 모형은 AIP가 그들이 건강할 때 거주하던 '집'을 고수하지 않고, 노년기 초기 이주를 통해 새로운 '집합주택'으로 전환하여 계속적인 노후를 보내는 개념이다. 미국을 중심으로 개발된 연속보호 은퇴주거단지(Continuing Care Retirement Communities, 이하 CCRC)가 대표적이다(김미희, 오지영, 2014).

CCRC[2]는 300~500세대의 대규모 노인집합주택으로 노인의 건강 제약과 주거 문제를 동시에 해결하기 위해 계획된 주거단지이다. 건강상의 문제가 없어 일상생활이 가능한 노인을 위한 독립생활주택(independent living), 일상적인 서비스를 제공하는 생활보조주택(assisted living), 그리고 일상생활서비스와 간호서비스가 제공되는 전문간호시설(skilled

---

[2] CCRC에 관한 내용은 안은희(2013, pp. 89-90)의 내용을 요약발췌함.

nursing facilities)이 CCRC 안에 모두 위치해 있다. 이로 인해 CCRC에는 건강한 노인과 장기요양이 필요한 노인이 주거단지 안에서 생활하게 되며, 건강한 노인이 CCRC에 들어와 생활하다 건강이 저하 또는 악화되는 경우 필요한 서비스가 제공되는 주택으로 이동할 수 있게 된다. 자신의 집이 건강 상태에 따라 혹은 필요 서비스에 따라 변경될 수 있으나, CCRC 안에서 이동하게 되므로 CCRC에서 형성된 친구나 이웃 등의 관계를 유지할 수 있고 이미 익숙한 지역 환경에 머물 수 있다는 점에서 aging in place를 가능하게 하는 모델로 제시되고 있다.

CCRC와 유사한 노인주거단지로 대학연계 은퇴주거단지(university-based retirement communities, 이하 UBRC)도 운영되고 있다. UBRC는 CCRC와 유사한 구조이지만 지역사회 내 대학과 연계를 통해 대학의 다양한 교육, 연구, 공공서비스 등을 이용할 수 있다는 차이점이 있다.

제3장

외국의 장기요양제도에서
지역사회 계속 거주(AIP)
실천사례

제1절 노인장기요양에서의 AIP 국제 동향
제2절 일본의 지역사회 중심 개호보험 변화
제3절 독일의 재가중심 장기요양보험 개혁
제4절 네덜란드 돌봄개혁을 통한 AIP 실천모형
제5절 한국 AIP 중심 노인보호 개편의 시사점

외국의 장기요양제도에서 지역사회 계속 거주(AIP) 실천사례

제1절 노인장기요양에서의 AIP 국제 동향

우리나라를 비롯하여 전 세계적으로 고령화가 급속히 진행되고 있다. 우리나라는 2000년에 고령화율이 7%를 넘어섰으며, 2018년에는 고령화율이 14%를 넘어서는 고령사회에 진입한다. 또한 2050년에는 전 세계적으로 고령화율이 가장 높은 국가가 될 것으로 예측된다.

현재 세계에서 가장 고령화율이 높은 국가는 일본으로 2010년에는 22.5%의 고령화율을 보였으며, 그다음이 이탈리아와 독일로 20% 이상의 높은 고령화율을 나타낸다. 향후 2020년에는 네덜란드와 프랑스가 고령화율 20% 이상 초고령사회로 진입할 것으로 예상된다.

〈표 3-1〉 국가별 고령화율 추이

(단위: %)

구분	1970	1980	1990	2000	2010	2020	2030	2040	2050	2060
한국	3.1	3.8	5.1	7.2	10.8	15.6	24.5	32.8	38.1	41.0
일본	6.9	8.9	11.9	17.0	22.5	28.2	30.3	34.2	36.4	36.5
독일	13.6	15.6	14.9	16.5	20.5	22.2	26.8	30.0	30.7	31.7
이탈리아	11.1	13.3	14.9	18.1	20.5	23.9	28.5	33.6	34.6	33.4
네덜란드	10.1	11.4	12.7	13.6	15.4	20.0	24.5	27.5	27.7	28.4
중국	3.8	4.7	5.7	6.9	8.4	12.2	17.1	23.8	26.3	30.5
싱가포르	3.3	4.7	5.6	7.3	9.0	15.0	23.2	29.7	33.6	35.8
미국	10.1	11.6	12.6	12.3	13.0	16.6	20.4	21.6	22.1	23.6
프랑스	12.8	13.9	14.0	16.0	16.8	20.7	23.9	26.2	26.7	26.9

자료: 통계청. (각 연도). 국가통계포털(kosis.kr) 국제기구통계.

우리나라에 앞서 높은 고령화율을 경험하고 있는 국가들이 겪고 있는 어려움 중 하나는 고령인구의 요양, 의료, 소득보장 등의 사회지출 증가이다. 국내총생산(GDP) 대비 공공사회복지지출은 한국의 경우 2003년 7.8%에서 2016년 10.4%로 증가하였으며, 독일은 2003년 26.8%였으나, 점차적으로 다소 감소하여 2016년에는 25.0%, 일본은 2003년 20.3%에서 2009~2011년 25.5%까지 증가하다 2016년에는 23.1%로 감소하였다. 네덜란드는 일본과 유사한 경향을 보이며, 2015년 22.0%로 나타났고, 스웨덴은 계속적으로 증가하여 27.0%의 높은 비율을 보인다.

〈표 3-2〉 GDP 대비 공공사회복지지출 변화 추이

(단위:%)

구분	한국	독일	일본	네덜란드	스웨덴
2003년	7.8	26.8	20.3	22.1	23.9
2005년	8.2	26.2	20.4	23.1	23.2
2007년	9.5	23.9	21.0	22.2	22.1
2009년	10.7	26.2	24.8	23.8	24.5
2011년	10.4	24.4	25.5	24.3	23.6
2013년	11.5	24.6	25.4	25.6	25.3
2016년	10.4	25.0	23.1	22.0	27.0

주: 1) 국내총생산(GDP) 대비 공공사회복지지출의 비율로, 공공사회복지지출은 일반정부지출(공공부조, 사회보험, 사회복지서비스)과 사회보험지출(연금, 건강, 산재, 고용, 장기요양)을 포함함. 각국의 1980~2013(2014)년 제출된 자료를 근간으로 함.
2) 2016년은 예측치로, 외교부(2016) 자료를 출처로 하며, 외교부 자료를 기준으로 소수점 둘째 자리에서 반올림한 값임.
자료: 1) 외교부. (2016). OECD 2016 사회복지지출 통계(SOCX) 주요 내용.
2) OECD SOCX database(social expenditure-aggregated data). https://stats.oecd.org 에서 2017. 10. 23. 인출.

GDP 대비 노인복지지출은 고령화율이 높은 일본은 2013년 기준 10.7%로 독일과 네덜란드, 스웨덴에 비해 높으며, 한국은 2005년 1.4% 였으나 2014년 2.5%로 꾸준히 증가하고 있다.

<표 3-3> GDP 대비 노인복지지출 변화 추이

(단위:%)

구분	한국	독일	일본	네덜란드	스웨덴
2005년	1.4	8.8	8.5	5.2	5.9
2010년	1.9	8.6	10.2	5.7	9.1
2013년	2.2	8.2	10.7	6.2	9.6
2014년	2.5	na	na	na	na

주: 공공사회복지지출 중 노인(old age) 관련 공적지출에 대한 GDP 대비 비율임.
자료: OECD SOCX database(social expenditure-aggregated data). https://stats.oecd.org 에서 2017. 10. 23. 인출.

고령화율 증가 및 기대수명 증가는 후기 고령인구 증가로 이어지게 된다. 이는 장기요양 필요 노인 증가로 이어지며, 일본·독일 등 고령화율이 높은 국가에서는 지출 수준이 높게 나타난다. GDP 대비 장기요양지출은 제도가 도입된 이후 빠른 속도로 증가하고 있다. 우리나라의 GDP 대비 장기요양지출은 2005년 0.1%였으나 2009년 0.4%로 증가했고, 2015년에는 0.9%로 급격히 증가하고 있다. 그러나 2015년 독일이 1.3%, 일본이 1.8%(2013년), 네덜란드는 2.3%, 스웨덴이 2.7%으로 이미 고령화가 높은 국가 또는 장기요양의 제도적 성숙이 이루어진 국가에 비해서는 낮은 편이다.

<표 3-4> GDP 대비 장기요양지출 변화 추이

(단위: %)

구분	한국	독일	일본	네덜란드	스웨덴
2005년	0.1	1.0	0.7	2.0	0.6
2007년	0.2	1.0	0.6	2.1	0.6
2009년	0.4	1.1	0.7	2.4	0.7
2011년	0.6	1.1	1.7	2.5	2.6
2013년	0.7	1.2	1.8	2.7	2.7
2015년2)	0.9	1.3	na	2.3	2.7

주: 1) 건강 관련 공적지출(government/compulsory schemes) 중, 장기요양 관련 지출(건강:long-term care(health LTC))에 대한 GDP 대비 비율임.

2) 한국과 네덜란드의 경우, 2016년 자료임.
3) 국가별로 제도 운영 방식이 상이함에 따라, 서로 다른 평가기법이 사용되었음. 일부의 경우 단순화된 평가 방식으로 산정하였으며, 제도 내 다양한 세부 요인에 대한 비용 가중치가 적용되는 데 한계가 있음. 일부 국가별 특이사항 중, 관련 정보가 제공된 3개 국가의 내용임.
  ① 일본: 스웨덴과 유사하며, 공적 개호보험 제도에 대한 회계결과를 중심으로 함.
  ② 네덜란드: 네덜란드 연례재정보고서를 기준으로 작성됨.
  ③ 스웨덴: 스웨덴은 지자체 및 평의회의 재무결과를 중심으로 분석됨.
자료: OECD Health data(health expenditure and financing). https://stats.oecd.org에서 2017. 10. 23. 인출.

장기요양과 AIP와의 관계에 대하여 OECD(2011)는 장기요양은 사회적으로 커다란 도전이라고 제시하며 국가별로 장기요양제도를 마련해야 하고, 비용 효율적으로 이루어져야 함을 제시한 바 있다. 비용 효율적 방안 중 하나는 노인이 재가에서 보호받을 수 있도록 하는 것으로 사회적 비용 절감의 지속 가능한 방안으로 제시하고 있다. 이를 위해서는 가족 내 요양보호자 필요에 더 많은 관심을 기울이는 것이 상생적인 접근방식임을 제시하고, 현금급여에 대한 신중한 검토 필요성을 제시하였다. 또한 장기요양에서 비용 압력이 커짐에 따라 장기요양에 있어 돈의 가치를 더 높이는 것이 우선적으로 요구되며, 재가급여를 방법으로 제안하였다. 그러나 오히려 요양이 24시간 필요한 경우 또는 서비스 거리가 먼 지역의 경우 시설요양이 더 비용 효율적일 수 있음을 제시하기도 하였다.

WHO(2015)는 건강한 노화(healthy ageing)의 공공건강계획의 주요 이슈로서 'aging in place'를 제시한다. 즉, 인구고령화에 대한 대응정책으로 AIP가 강화되어야 하며, 이는 일반적으로 노인에게 더 좋은 삶을 누리게 한다는 관점과 또한 지출에서도 경제적 이점이 있음을 제시하고 있다. AIP는 최근 노인의료, 노인돌봄에 정책방향으로 제시되고 있는 노인중심적 돌봄(client centered care)과 맥을 같이한다. 대부분의 노인은 살던 곳에서 오래 살고 싶어 하는 욕구를 갖고 있으므로 AIP는 노인 중심적인 서비스 실천의 방향이라고 할 수 있다.

OECD(2011)가 AIP의 재정절감, 지속가능성에 초점을 두었다면, WHO(2015)에서는 AIP의 노인 관점에서의 삶의 질과 사회적 측면에 지속가능성의 효과를 제시한다. 또한 미래 기술의 발달은 이러한 목적을 달성하게 할 것이고, AIP는 고령친화환경(Age-friendly environment)을 통해 노인들이 기본적인 활동을 하는 것을 더욱더 가능하게 할 것이라고 제시한다.

AIP의 관점을 반영한 장기요양제도 변화를 노인의 시설과 재가 이용률을 통해 살펴보면, 네덜란드는 시설 입소율의 감소세가 나타나지만, 그 외의 독일·일본 등에서는 경향성은 나타나지 않고 있다. 그러나 독일의 경우 시설 입소율은 안정세에 있으나, 재가 이용률은 꾸준한 증가를 보이고 있다.

일본은 전체 노인 중 시설보호 노인은 2.7%이며, 이는 독일이 4.1%, 네덜란드가 5.3%인 데 비하면 낮은 비율이며, 한국은 2.6%로 낮은 고령화율을 고려하면 높은 편으로 나타난다. 재가보호를 받고 있는 비율은 독일이 9.3%, 네덜란드가 13.1%, 한국이 4.8%로 나타난다. 타 국가의 시설보호와 재가보호의 비율을 비교하면, 한국의 경우 시설에 비해 재가보호의 비율이 낮게 나타남을 볼 수 있다.

〈표 3-5〉 OECD 주요국 시설 이용률 및 재가 입소율

(단위: %)

	구분	2000	2005	2010	2011	2012	2013	2014	2015
시설	호주	5.2	5.5	7.0	6.9	6.7	6.6	6.4	6.3
	덴마크	na	na	4.6	4.4	4.2	4.0	3.9	na
	핀란드	3.6	4.2	4.9	5.0	4.8	4.7	4.7	4.7
	프랑스	na	3.8	4.3	4.4	4.4	4.4	4.3	4.2
	독일	3.8	3.8	3.8	4.0	4.0	4.1	4.1	4.1
	일본	na	3.0	2.8	2.8	2.8	2.8	2.7	2.7
	한국	0.2	na	2.1	2.3	2.4	2.5	2.5	2.6
	네덜란드	na	7.1	6.6	6.5	6.2	5.6	5.3	na
	스페인	na	na	1.5	1.7	1.7	1.8	1.8	1.8
	스웨덴	7.7	6.5	5.4	5.2	4.9	4.9	4.5	4.5
	스위스	6.8	6.6	6.2	6.2	6.2	6.1	6.0	5.9

	구분	2000	2005	2010	2011	2012	2013	2014	2015
재가	호주	na	5.7	7.1	7.3	8.4	8.4	8.1	na
	덴마크	12.4	12.8	13.0	12.1	11.6	na	na	na
	핀란드	8.2	7.7	7.4	7.5	7.2	7.1	6.8	6.7
	프랑스	na	5.5	6.6	6.7	6.5	6.4	6.2	6.1
	독일	7.4	6.9	7.6	7.9	8.2	8.6	8.9	9.3
	일본	na	9.5	na	na	na	na	na	na
	한국	0.2	na	4.6	4.3	4.0	4.2	4.5	4.8
	네덜란드	na	13.4	12.9	13.9	13.7	13.4	13.1	na
	스페인	na	na	5.3	5.3	5.3	5.0	6.3	6.7
	스웨덴	9.6	10.2	12.2	12.0	11.7	11.4	11.8	12.5
	스위스	13.0	12.4	14.1	14.3	14.4	14.2	14.2	15.7

주: 65세 이상 시설입소율 및 재가이용률.
자료: 1) OECD Health stats. Long-term care recipients in institution, at home. http://stats.oecd.org에서 2017. 9. 18. 인출.

국제적으로 노인장기요양에서의 개혁 방향은 재가 중심으로 전환되고 있음이 여러 국가의 개혁사례에서 나타나고 있다. 대표적인 개혁국가는 일본, 네덜란드, 독일, 스웨덴 등이다. 스웨덴은 1992년 에델개혁을 통해 지역을 중심으로 한 의료-요양 개편을 실시한 바 있다. 일본은 장기요양보험제도가 도입된 이후 2012년부터 최근까지 계속적으로 지역포괄케어시스템을 중심으로 하는 지역단위 보호체계 개편을 실시하였으며, 네덜란드는 2015년 'Wmo 2015'의 개혁을 통해 기존 장기요양보험 체계를 지역서비스와 보험으로 개편하는 대대적 개혁을 실시하였다. 독일에서는 제도 초기부터 재가급여 우선원칙을 명시하였으며, 2008년 이후 4차례에 걸친 개혁에서 계속적으로 핵심 내용으로 재가급여 강화를 제시하고 있다.

제2절 일본의 지역사회 중심 개호보험 변화

1. 지역사회 중심 개호보험 변화 배경[3]

일본은 2000년 사회보험의 형태로 개호보험을 도입하였다. 보험자는 시정촌인 지방정부였으며, 재원 구성에서도 국가 및 지방정부의 공적부담이 50%, 그 외 50%는 피보험자가 부담하는 형태로 구성되었다. 사회보험의 형태이지만 보험자가 지방정부이며, 재원 분담에서도 정부의 비중이 높다는 특성을 가지고 출발하였다.

개호보험은 제도 도입 이후 5년 후인 2005년 개정되었으며, 이 개정안은 급격히 증가하는 개호대상자의 확대에 따라 제도의 지속가능성을 위해 비용을 감소시키기 위한 개혁에 초점을 두고 있다. 그간의 사후적 성격이 강했던 개호보험제도의 방향을 예방중심형 시스템으로 전환하고, 지역밀착형 서비스 실시를 주요 개혁으로 제시하였다. 이를 위해 지역포괄지원센터 신설 등을 통한 지역 내 포괄케어시스템 구축을 중점으로 정책을 설계하였으며, 지역포괄지원센터에서는 개호예방사업과 포괄적 지원사업 등의 지역지원사업을 실시하였다. 지역지원사업이란 요개호(요지원) 상태가 될 수 있는 가능성이 있는 대상자에게 지역단위에서 개호예방사업, 포괄적 지원사업, 임의사업 등을 추진하여 서비스를 제공(각 시정촌에서 개호보험 급여비의 3% 이내에서 재정을 투입하도록 상한 제시)하는 것을 말한다.

그 후 2012년 제도개혁을 통해 노인이 독거 및 중증의 요개호 상태가 되어도 지금까지 살아온 지역에서 계속 살아갈 수 있도록 지원체계를 갖추기 위한 기반을 마련하기 위한 방안을 제시하였다. 이는 ① 의료와 개호

---
[3] 지역포괄케어시스템의 도입 배경은 유애정(2015)의 내용을 요약, 발췌하였음.

의 연계 강화, ② 지역포괄지원체계의 확충, ③ 노인주거대책의 포괄적 지원, ④ 24시간 대응형 방문요양(간호) 실시, ⑤ 서비스 제공형 노인복지주택 법제화 실시, ⑥ 노인주거관련법 개정을 통한 노인주거공급 추진 등의 내용으로 구성되었다. 이러한 제도개혁을 통해 노인이 지역사회 내에서 계속 거주할 수 있는 다양한 여건들을 마련하는 계기가 되었다고 볼 수 있다.

2015년 개혁에서는 사회보장과 조세 일체 개혁의 일환으로 사회보장개혁국민회의에서 제출한 보고서에 기초한 개호보험 제도 개혁이 추진되었다. 2015년의 주요 내용에서도 이전 2012년 제도 개정과 같은 맥락에서 노인의 지역에서 계속 거주를 위한 시스템 구축에 초점을 두었다. 위 개혁에서는 지역포괄케어시스템을 중심으로 한 의료와 개호의 연계 강화, 자립 지원을 위한 개호서비스 확대, 노인주거공간 확보, 시정촌의 기능 강화 등을 추진하고 있다. 또한 생활지원서비스 확대 등은 일본 개호보험이 지역을 중심으로 개편되고 있음을 제시하고 있으며, 2005년 개혁의 중심이었던 예방사업에서, 개호예방급여(요지원 1, 2) 중 방문개호와 통소개호를 폐지하고, 시정촌의 지역지원사업으로 재편성하여 예방급여를 축소하는 방향을 제시하고 있다(유애정, 2015).

일본 개호보험의 최근 개혁 동향에서 가장 두드러진 특성은 재정 부담을 축소하기 위한 '지역'을 중심으로 한 제도 개편이며, 그 핵심에는 '지역포괄지원센터'를 중심으로 한 지역포괄케어시스템 구축이 있다. 즉, 지역포괄케어시스템은 AIP를 주요 목표로 설정하고, 그에 따른 시스템을 구축하고 있다.

2. 지역포괄케어시스템[4]

가. 지역포괄케어시스템 개요

일본은 개호보험법 제5조 3항[5]을 바탕으로 베이비붐 세대가 75세 이상이 되는 2025년을 목표로 중증 요개호상태가 되어도 정든 지역에서 자기 본연의 생활을 삶의 마지막 순간까지 지속할 수 있도록 거주지·의료·개호예방·생활지원이 일체적으로 제공되는 지역포괄케어시스템을 구축해 나가고 있다. 지역포괄케어시스템은 보험자인 시정촌을 중심으로 고령화 정도, 지역자원 등을 고려하여 지역의 특성에 따라 운영이 가능하다. 현재 일본에서 운영 중인 지역포괄케어시스템의 큰 그림은 [그림 3-1]과 같다.

지역포괄케어시스템은 인구 1만 명당 1개소로 운영되며, 지역포괄지원센터를 확대하고, 30분 이내에 필요한 서비스가 제공될 수 있도록 그 체계를 갖추고 있다. 또한 노인이 자신의 거주지에서 병원 입원과 통원, 개호보험서비스 이용, 생활지원과 개호예방이라는 3가지 트랙의 서비스를 유기적으로 연계하여 이용할 수 있도록 케어매니저가 노인들을 지원하고 있다.

---

[4] 厚生労働省老健局(2013), 地域包括ケア研究会·三菱ＵＦＪリサーチ&コンサルティング(2013)의 내용을 번역·요약·발췌함.
[5] 개호보험법 제5조 3항: 국가 및 지방자치단체는 피보험자가 가능한 한 정든 지역에서 그가 갖고 있는 능력에 따라 자립적 일상생활을 영위할 수 있도록 보험급여에 따른 보건의료서비스 및 복지서비스에 관한 정책, 요개호상태 등이 되는 것에 대한 예방 정책, 요개호상태 등의 경감 또는 악화 방지를 위한 정책, 지역에서 자립적인 일상생활을 할 수 있는 지원 정책을 의료 및 기주에 관한 정책과의 유기적인 연계를 도모하면서 포괄적으로 추진하도록 노력하여야 한다.

[그림 3-1] 지역포괄케어시스템

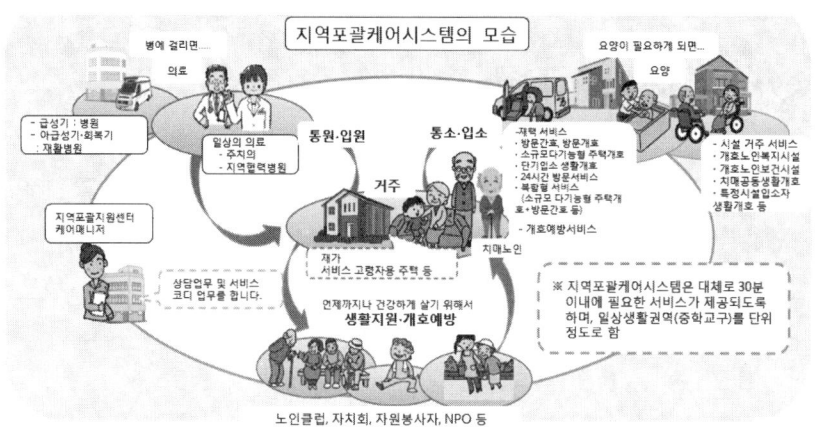

자료: 厚生労働省老健局. (2013). 地域包括ケアシステムについて日常生活圏域ニーズ調査, 持続可能な介護保険制度及び地域包括ケアシステムのあり方に関する調査研究事業報告書 (概要版).

　구체적인 서비스 제공 체계를 살펴보면, 질병에 걸리면 대상자의 상태에 따라 급성기 이용 병원과 아급성기·회복기 이용 병원에서 의료진을 통해 관리를 받으며, 일상의 진료는 주치의 제도를 통하여 관리를 받을 수 있도록 하였다. 또한 퇴원 과정에서 케어매니저로부터 퇴원 후의 케어계획 등에 대한 상담업무와 케어코디를 받게 된다. 다음으로 요양이 필요하게 되면 재택서비스로 방문간호, 소규모 다기능형 주택개호, 단기입소생활개호, 24시간 방문서비스, 복합형 서비스, 개호예방서비스 등을 받을 수 있고, 다양한 종류의 시설서비스도 이용할 수 있다. 마지막으로 노인클럽, 자치회, 자원봉사자, 비정부기구(NPO) 등의 지역사회 자원을 통하여 생활지원 서비스를 받고, 요개호상태로 악화되지 않도록 하기 위한 다양한 서비스를 제공받을 수 있다. 이러한 지역포괄케어시스템은 노인들이 지역사회 안에서 가능한 한 안정적으로 자신의 삶을 살아갈 수 있도록 하기 위한 네트워크라 볼 수 있다.

[그림 3-2] 노인의 지역사회 계속 거주를 위한 의료·개호 서비스 보장 강화 방안(일본)

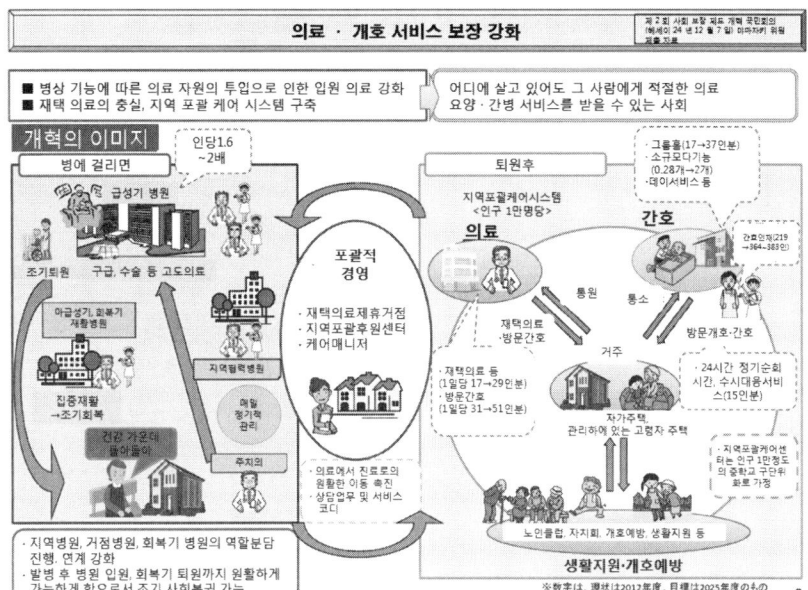

자료: 厚生労働省老健局. (2013). 地域包括ケアシステムについて日常生活圏域ニーズ調査, 持続可能な介護保険制度及び地域包括ケアシステムのあり方に関する調査研究事業報告書 (概要版).

또한 의료·개호서비스의 보장 강화를 통해 '어디에 살고 있어도 그 사람에게 적절한 의료·요양·간병이 제공될 수 있는 사회'를 만들기 위해 질병관리와 요양관리 차원에서 제도적 개혁을 [그림 3-2]와 같은 방안으로 발표하였다. 즉 질병의 차원에서는 병원의 역할 분담과 연계를 통해 발병 후 환자에 대한 체계적 관리가 가능하게 하며, 회복기 관리를 통해 조기 사회복귀를 가능하게 하고자 한다. 또한 퇴원 후에는 지역포괄케어시스템에 따라 지역사회 내에 거주하면서 요양서비스를 받을 수 있도록 제도적 확대를 꾀하고자 하고 있다. 이를 위해 지역포괄지원센터의 확대, 요양시설의 증설, 간호인력의 증원, 24시간 정기순회서비스 및 수시대응서비스, 재택의료 및 방문간호 인력의 증가 등이 이루어질 예정이다.

[그림 3-3] 지역포괄케어시스템 구축 과정

자료: 厚生労働省老健局. (2013). 地域包括ケアシステムについて日常生活圏域ニーズ調査, 持続可能な介護保険制度及び地域包括ケアシステムのあり方に関する調査研究事業報告書 (概要版).

이와 같은 지역포괄케어시스템은 [그림 3-3]과 같은 과정으로 운영된다. 첫째, 지역과제의 파악과 사회적 지원 발굴 과정에서 일상생활권역 요구조사와 지역케어회의를 실시한다. 지역케어회의는 노인 개인에 대한 지원이 충실히 이루어지고 있는지와 그것을 지원하는 사회적 기반에 대한 점검을 하는 지역포괄케어시스템의 실천을 위한 것이다. 지역케어회의는 다양한 직종의 전문가들이 협력하여 노인의 개별 과제 해결을 위한 지역사회 네트워크 구축, 케어매니지먼트 지원, 지역문제 파악 등을 통하여 ① 지역의 과제를 파악하고, ② 지역 내 자원을 개발하며, ③ 개호보험 사업 계획 등에 대한 평가와 정책형성 등에 참여하면서, 노인이 지역사회에서 오랜 기간 거주할 수 있도록 지역 내 과제 해결을 위한 사회적 기반을 정비하는 역할을 한다. 둘째, 고령자의 요구, 지역주민이 느끼는 과제,

지역사회 자원과 인력에 대한 과제 등을 파악하고 지역자원, 지역리더, 주민의 참여 등과 같은 사회적 자원을 개발한다. 셋째, 지역사회 관계자들과의 대응책에 대한 검토를 실시하고, 마지막으로, 마련된 대응책을 검토 및 실행한다.

지역포괄케어시스템은 고령자의 존엄성 유지와 자립생활지원의 목적하에 가능한 한 정든 지역에서 계속 거주할 수 있도록 포괄적인 지원과 서비스 제공 체계를 구축하는 것을 목표로 한다. 이는 개호, 의료, 예방, 생활지원·복지서비스, 주거와 생활방법이라는 5가지 구성요소를 중심으로 운영되고 있다. 즉 개호, 의료, 예방이라는 전문적인 서비스를 요하는 3가지 구성요소와 생활지원·복지서비스, 주거와 생활방법과의 상호작용 및 협력을 통해 노인의 지역사회 내 거주를 지원하고 있다. 지역포괄케어시스템에서는 이러한 5가지 구성요소의 기반에는 '본인·가족의 선택과 마음가짐'이 있어야 함을 강조하고 있다. 즉 독거노인 또는 노인세대가 증가하고 있는 가운데 지역사회 내 거주를 희망하는 당사자와 가족은 자신의 선택을 이해하고, 이를 위한 마음가짐을 갖는 것이 중요하다는 것이다.

〈표 3-6〉 지역포괄케어시스템의 5가지 구성요소

구성요소	내용
개호·의료·예방	- 개인이 안고 있는 욕구에 부응하는 '개호·재활', '의료·간호', '보건·예방' 등의 서비스를 전문직이 유기적으로 연계하여 종합적으로 제공하며, 케어매니지먼트에 따라 필요한 생활지원과 함께 제공
생활지원·복지서비스	- 심신의 능력 저하, 경제적 이유, 가족관계의 변화 등으로도 존엄한 생활을 계속할 수 있도록 생활지원을 실시 - 생활지원서비스: 식사준비, 말벗 등으로 비공식적 지원도 포함 - 복지서비스: 저소득층을 위한 지원서비스 등
주거와 생활방법	- 생활 기반으로서 주거가 정비되고, 본인의 욕구와 경제력에 맞도록 주거가 보장되는 것이 지역포괄케어시스템의 전제 - 노인이 사생활과 존엄성을 보장받을 수 있는 주거환경 필요

자료: 地域包括ケア研究会·三菱ＵＦＪリサーチ&コンサルティング. (2013). 持続可能\な介護保険 制度及び地域包括ケアシステムのあり方に関する調査研究事業 報告書.

지역포괄케어시스템은 지역 내 노인의 계속 거주를 위한 지역사회 내 네트워크 구축이 주요 역할 중 하나이다. 이와 같은 네트워크의 구축은 노인 자신(자조-自助), 지역자원을 활용한 상호협조(호조-互助), 급여(공조-共助), 공적협조(공조-公助)의 네 가지 차원이 체계적으로 조직화되는 것이 필요하다. 이와 같은 요소들은 노인의 특성과 지역 등에 따라 다양하게 적용될 수 있을 것이다. 예를 들어, 독거노인과 노인부부가구의 증가에 따라 자조(自助)와 상호협조(互助)의 역할은 노인의 거주 형태에 따라 다양하게 나타날 수 있을 것으로 보인다. 또한 지역적 특성을 살펴보면, 도시지역에서는 상호협조(互助)를 기대하기 어려운 상황으로 민간서비스를 이용하는 자조(自助)의 역할이 클 것이며, 농촌지역의 경우 상호협조(互助)가 더 활발히 이루어질 것으로 보인다. 이처럼 지역포괄케어시스템은 지역의 여러 주체가 지역 고유의 특성을 반영하여 지역 내 자원을 활용할 수 있도록 해야 할 것이다.

〈표 3-7〉 상호협력적 지역포괄케어시스템 마련을 위한 방안

구성요소	내용
자조(自助)	- 요양보험·의료보험 자기부담분 - 시장에서 제공하는 서비스 구입 - 자기 스스로의 건강관리
상호협조(互助)	- 비용부담이 제도적으로 보장되지 않는 자원봉사 - 주민조직활동
공조(共助)	- 요양보험·의료보험제도에서 시행하는 급여
공적협조(公助)	- 요양보험·의료보험 공적이용부분(세금), 지자체가 제공하는 서비스

자료: 地域包括ケア研究会·三菱ＵＦＪリサーチ&コンサルティング. (2013). 持続可能\な介護保険制度及び地域包括ケアシステムのあり方に関する調査研究事業 報告書.

나. 지역포괄케어시스템 운영사례: 이바라키형 지역포괄케어시스템6)

이바라키현에서는 '2016년 이바리키형 지역포괄케어시스템 추진 매뉴얼'을 발표하였다. 이는 이바라키현의 지역포괄케어시스템의 운영 원칙과 이바라키현 내에 있는 시정촌들의 자체적 지역포괄케어시스템의 운영 방법에 대한 사례들을 제시하고 있다.

이바라키현에 소속되어 있는 시정촌에서는 지원 대상자에 따라 대상자의 욕구에 맞는 제도의 지원을 기본으로 하며, 제도별 대응이 어려운 복합적 문제를 가진 케이스 등에 대한 지원을 위해 '종합상담창구'를 개설하고 있다. 또한 지역 내 '지역케어시스템'이나 '재택 의료·개호 제휴 거점 사업' 등의 네트워크를 활용하여 포괄적인 지원체계를 구축하고자 하고 있다. 이는 단일 대상자에 대한 접근이 아니라 요지원자 및 그 가족 전체를 사례관리의 대상으로 보고, 이를 위한 다양한 지역자원을 조합하여 가족 단위 중심으로 자원을 제공하고자 하는 것이다. 이를 위해 '패밀리 케어' 관점에서 원스톱 상담창구를 설치하는 등 가족을 중심으로 포괄적 서비스를 제공하고자 한다.

이바라키형 지역포괄케어시스템은 다음과 같은 큰 틀에서 운영된다. 첫 번째 단계로 종합상담창구 이용은 지역포괄케어시스템의 첫 단계로 종합상담창구에서는 대상자의 욕구 등에 대한 파악을 실시한다. 두 번째로 대상자 자신과 가족 전체의 복합적 욕구를 파악하고 해결되어야 할 과제를 진단한다. 세 번째 단계로 다직종 간 네트워크를 활용하여 개별과제의 검토를 실시하여 이용 가능한 서비스에 대해 코디네이션을 한다. 마지막 단계로 의료와 개호의 복합지원과 같은 지역 내 복지네트워크를 활용하여 다직종 협동에 의한 지원을 제공한다.

---

6) 茨城縣(2016)의 내용을 번역·요약·발췌함.

[그림 3-4] 이바라키형 지역포괄케어시스템

종합상담창구 설정
- 시스템의 첫 관문으로서 고령자나 장애인 등 다양한 분야에서 하나의 제도로는 해결할 수 없고 제도의 사각지대에 있는 대상자나 그 가족의 생활을 고려한 '패밀리 케어' 관점에서 원 - 스톱 상담 창구의 설치 및 주된 요점 원호자를 관장하는 부서가 포괄적인 상담창구 - 또한 지역에 따라 기존 상담창구의 연계 강화를 통해 어디서나 상담 대응이 가능한 종합 상담 지원 체제를 구축하는 것 등이 있음

↓

복합적인 과제에 대한 평가
- 상담창구 담당자는 요점 원호자와 개호, 장애, 빈곤, 육아 등 가족 전체의 복합적이고 복잡해지는 요구를 파악해 인구사회적 배경 등을 감안한 본질적인 과제의 진단을 수행(평가).

↓

코디 기능 (개별 과제의 검토)
- 지역케어시스템 및 재택 의료·개호 제휴 거점 장에서 구축한 지역의 다직종 간 네트워크 (다직종이 서로의 전문성을 이해하고 관점과 생각의 차이를 고려하여, 역할 분담과 상호 협력을 할 수 있는 체제)를 활용하여 개별 과제의 검토 실시

↓

다직종 협동에 의한 지원
- 지역케어시스템 및 재택의료·개호 제휴 거점의 장에서 구축한 지역의 네트워크를 활용하면서 복지적 요소가 강한 지원 내용 이외에 방문진료나 방문간호, 재활 등 재택의료를 담당하는 직종과의 충실한 연계를 도모하고, 지원을 받음

자료: 茨城県. (2016). 茨城型地域包括ケアシステム推進マニュアル.

이바라키현의 지역포괄케어시스템은 의료와 개호의 원활한 연계를 위한 다직종 연계가 핵심이라 볼 수 있다. 재택의료·개호 협력을 위한 다직종 연계는 다직종(의사, 치과의사, 약사, 간호사, 재활전문가 등)의 전문가들이 서로의 전문성에 대한 이해와 관점의 차이를 고려하여 역할분담과 상호협력을 통해 대상자의 보호시스템을 논의하는 것으로 지역 내 네트워킹을 강화하는 효과가 있다.

이바라키현에서는 재택 의료·개호 연계 추진 대책으로 8가지 영역의 과제를 제시하였으며, 영역별 지역의 우수사례를 제시하였다.

① 지역의 의료·개호 자원의 파악

히타치시에서는 재택의료·개호 연계를 위한 정보 공유 가이드북을 작성하여, 이를 의료·개호 종사자에게 배포하였다. 이를 통해 노인의 퇴원지원 등에 대한 지역사회 연계를 가능하게 하였다.

② 재택의료·개호 연계 과제의 추출과 대응책의 검토

다카하기시에서는 다직종 전문가 회의와 실무그룹 회의 개최를 통해 다직종 간 교류를 할 수 있는 장을 마련하였다. 그러나 의사협회 등 주요 인력이 포함되지 않는 문제 등이 발생하기도 하여, 의사회의 협조 등이 과제로 남았다.

③ 재택의료와 개호 제공 체제 구축 추진

가사마시에서는 지역포괄케어회의 실시를 통해 다직종 간 연계를 도모하고, 의료 관계자 강연 등에 의한 개호직의 질 향상을 도모하였다. 그러나 의사회 등의 협력이 부족하다는 과제가 남았다.

④ 의료·개호 관계자의 정보공유 지원

가사마시에서는 개호검진네트워크를 구축하였다. 이는 간호·의료 관계자 간의 정보공유를 도모하기 위한 시스템으로 개호인정여부(주치의 의견서, 인정조사표 등)의 제공, 개호지원 전문원과 관계자와의 개호서비스 정보의 제공(케어플랜 제공 표 등), 주된 지원서비스 등에 대한 정보를 공유하고 있다.

⑤ 재택 의료·개호 연계에 관한 상담 지원

가사마시에서는 치매 등의 상담 때 활용할 수 있는 '의료제휴시트'를 마련하여 일상적인 상황이나 문제점 등을 알기 쉽게 기재하여 진찰 시 노인 및 그 가족의 의견이 의료진에게 원활하게 전달될 수 있도록 하였다.

⑥ 의료·개호 관계자 연수

유키시에서는 의료·개호 관계자들을 대상으로 정기적으로 강연회와 의견교환회 등을 마련하고 있다. 이를 통해 의료·개호인력 간의 교류를 증대시켜 연계가 활발히 이루어질 수 있는 장을 마련하고자 하였다.

⑦ 지역 주민에 대한 보급 계발

유키시에서는 '통원할 수 없게 되면 의사가 온다'라는 재택의료 보급 전단지를 만들어 배포하였다. 이를 통해 재택의료·재택요양에 대한 시민의 이해를 높이게 되었으며, 향후 '집'도 요양 장소의 선택지 중 하나가 될 수 있도록 다양한 홍보를 진행할 예정이다.

⑧ 재택의료·개호 연계에 관한 관계 도시의 연계

시정촌을 중심으로 지역포괄케어시스템이 운영되고 있는 일본의 특성상 인근 도시와의 연계는 매우 중요한 부분이다. 이에 가사마시는 인근 시정촌과의 정보 교환 회의를 실시하고 있다.

이처럼 지역포괄케어시스템은 시정촌별 지역적 특성을 고려하여 다양한 방법으로 운영되고 있으며, 도도부현에서는 이를 통합 관리하는 방법으로 운영되고 있다고 볼 수 있다.

3. 일본 개호보험에서의 노인주거정책 변화

일본 개호보험 개혁동향에서 살펴본 것과 같이 2012년 이루어진 개혁에서는 노인의 지역사회 계속 거주를 위한 다차원의 개편이 이루어지며, 이 중 고령자 주거정책의 변화가 개호보험 개혁의 주요 내용으로 포함되었다. 노인주거대책의 주요 내용은 포괄적 지원, 서비스 제공형 노인복지주택 법제화 실시, 노인주거관련법 개정을 통한 노인주거공급 추진이다. 즉, 노인의 지역사회 계속 거주(AIP)를 위해서는 단순 개호보험의 돌봄 영역뿐 아니라 주거에 대한 고려가 이루어져야 함으로 이를 개호보험 개혁의 내용으로 포함하는 고령자 주거정책의 내용을 살펴보고자 한다.

기존의 노인생활시설 중심의 노인주거정책은 노인인구의 급증에 따라 한계에 봉착하게 되었으며, 2000년 개호보험 도입은 일본 노인주거정책에도 많은 영향을 미쳤다. 개호보험을 통해 지역사회 돌봄서비스가 다양화되고 확대되면서 시설 중심의 노인주거정책에서 재가 중심의 정책으로 전환할 수 있는 기반이 마련되었다. 이로 인해 노인이 자신의 집에서 방문서비스를 받으며 생활할 수 있도록 지역과의 연계를 강화하고, 시설에 입소해야 하는 노인을 위해서는 시설환경을 개선하여 개실화, 소형화 등을 추구하고 있다(안은희, 2013).

[그림 3-5] 일본의 노인주거복지모델의 변화

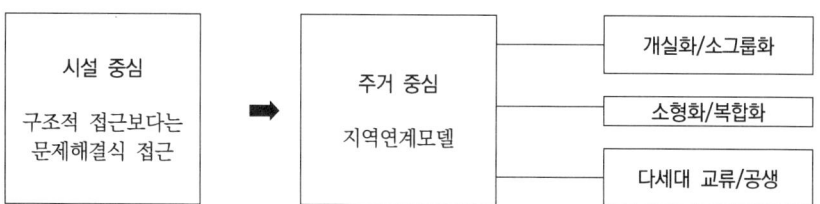

자료: 안은희. (2013). 노인 삶의 질 향상을 위한 주거시설개발에 관한 연구: 대학연계 노인주거를 중심으로. 대한건축학회 논문집 계획계, 29(8), p. 90.

일본의 노인주거시설은 공공부문에서 제공하는 특별양호노인주택, 노인보건시설 등과 민간에서 공급하는 그룹홈, 유료노인주택, 서비스형고령자주택 등이 있다(유선종, 2014). 그리고 노인주택 유형은 크게 복지계, 의료계, 주택계로 구분할 수 있다. 복지계는 주로 요개호 노인을 위한 개호시설과 일반 노인을 위한 주거시설이 있으며, 의료계는 개호노인보건시설과 개호요양형 의료시설로 보건의료서비스를 집중적으로 제공하는 시설이며, 주택계는 주로 독립생활이 가능한 노인을 위한 시설로 기본적인 일상생활서비스나 응급지원, 노인의 신체적 특성에 맞는 주거환경 개선이나 설비 지원 등을 갖춘 노인주택이라는 특징이 있다. 일본 노인주택의 건립 및 운영주체는 지자체, 민간기업, NPO, 의료법인, 사회복지법인 등으로 다양한 것을 볼 수 있다.

다양한 고령자 주택형태 중 일본의 서비스형 고령자주택[7]은 노인에게 주거 공간만 제공하는 것이 아니라 노인이 필요한 서비스를 제공해 주는 노인주택으로, 2011년 10월 도입된 형태이다. 서비스형 고령자주택은 일본의 고령인구 급증과 가족의 돌봄기능 약화라는 사회적 변화와 함께 노인의 사회적 입원을 감소시키고 신규 개호시설 설치 억제 정책에 대응하기 위한 노인주택 및 돌봄 정책으로 도입되었다. 서비스형 고령자주택은 일본의 국토교통성과 후생노동성이 공동으로 관할하고 있으며, 서비스형 고령자주택을 확대시키기 위해 정부에서는 보조금, 세제지원, 융자지원 등을 제공하고 있다.

입주 대상자는 60세 이상 또는 요개호/요지원 인정을 받은 독거고령자와 60세 이상 고령자와 동거가족이다. 거주공간의 규모와 설비를 살펴보면, 주거공간은 기본적으로 배리어프리 구조(단차 제거, 손잡이 설치, 복

---

[7] 일본의 서비스제공형 고령자주택에 관한 내용은 유선종(2014, pp. 279-293)과 도주은 유선종(2014, pp. 121-124)의 내용을 종합하여 정리함.

도 폭 확보), 부엌, 화장실, 수납설비, 세면설비, 욕실이 딸린 25m² 면적의 공간을 확보해야 한다.

서비스형 고령자주택에서 제공되는 서비스는 생활지원서비스, 식사서비스, 가사서비스, 건강서비스로 구분될 수 있다. 생활지원서비스는 안부확인과 생활상담으로 서비스형 고령자주택에서는 필수적으로 제공하는 서비스이다. 그리고 입주자는 자신의 선택에 따라 자신의 집에서 음식을 해서 스스로 식사를 해결할 수 있으나, 식사준비가 어려운 입주노인은 고령자주택에서 제공하는 식사를 유료로 이용할 수 있다. 가사서비스는 조리, 세탁, 청소와 같은 서비스를 대신해 주는 것이며, 건강서비스는 건강상담, 혈압측정과 같은 기본적인 상담과 관리서비스를 말한다. 서비스형 고령자주택에 거주하는 노인들이 부담하는 비용은 월세, 관리비, 서비스 이용료로 구분된다. 월세와 관리비는 필수적으로 지출되는 항목이며, 기본적인 서비스인 긴급시 대응, 안부확인, 생활상담, 쓰레기 관리에 드는 비용도 매달 고정적으로 지불해야 한다. 그러나 식사서비스와 가사서비스는 주택에 따라 비용체계가 다르며, 식사와 가사서비스를 월 고정비용에 포함시키는 주택이 있는가 하면 이용 정도에 따라 차등 부과하는 주택도 있다. 그 밖에 개호서비스를 이용하는 노인은 고령자주택이 아닌 개호서비스 제공기관에 이용료를 지급하게 된다.

<표 3-8> 서비스형 고령자주택의 비용 체계

구분	종류		내용	비용
주거비	월세		필수 비용	월세+관리비
	관리비			
생활지원 서비스	기본 서비스	긴급시 대응 및 안부확인	주택에 따라 제공내용과 범위가 다름	월 고정비용
		생활상담		
		건강상담, 쓰레기 관리		
	선택 서비스	식사서비스		월 고정비용 또는 이용정도에 따라 가산 등
		가사서비스		
개호	개호보험서비스		개별 계약	이용정도에 따라 비용 지불
	개호보험 외 서비스			

자료: 유선종. (2014). 노인주택 파노라마. 서울: 집문당. p. 289.

서비스형 고령자주택은 크게 개호형, 의료형, 자립형, 복합형으로 구분된다(유선종, 2014). 개호형은 서비스형 고령자주택의 부대시설로 방문개호사업소, 주택개호지원사업소, 소규모다기능형주택개호사업소 등이 있어 요개호 인정을 받은 노인이 입주하고 있다. 의료형은 서비스형 고령자주택에 병원을 병설하거나 병원 근처에 주택을 건설하여 의료서비스 제공을 강화하는 유형이다. 자립형은 독립적인 일상생활이 가능한 노인이 입주하며, 복합형은 개호형, 의료형, 자립형이 공존하는 유형이다. 서비스형 고령자주택의 사업주체는 주식회사가 절반 이상인 55.7%를 차지하고 있으며, 의료법인 14.4%, 유한회사 13.7%, 사회복지법인 7.9% 등에 의해 운영되고 있다(2013년 9월 기준, 유선종, 2014, p. 293).

제3절 독일의 재가중심 장기요양보험 개혁

1. 독일 장기요양보험과 개혁 과정

  독일의 장기요양보험은 1995년 재가급여를 우선적으로 도입하였으며, 1996년 시설급여까지 확대하여 시작하였다. 독일의 장기요양보험에는 3가지 기본원칙을 제시하는데 그 첫 번째가 재가급여 우선의 원칙으로 사회법전 제11권 제3조에 명시되어 있다. 이 원칙을 시행하기 위해 정부는 재가서비스의 범위와 급여를 지속적으로 확대할 뿐 아니라 가족이나, 친구, 이웃과 같은 비공식 수발자의 사회보험료를 지원하고 다양한 휴가제도 도입 등을 실시한다. 두 번째 원칙은 예방과 재활 우선의 원칙이며, 세 번째 원칙은 예산원칙으로 급여로 지출될 총 예산금액을 먼저 정하거나 전체 보험료 수입액의 일정 부분을 확정해 놓고 이에 맞춰 보험급여의 양을 조절하는 것을 의미한다(선우덕 등, 2016).
  독일 장기요양보험의 제1원칙을 재가급여 우선으로 제시하고 있음은 독일에서는 노인의 지역사회 계속 거주(AIP)의 개념을 장기요양보험에서 매우 중시하고 있음을 보여준다. 독일의 장기요양보험이 도입된 이후 장기요양개혁으로 불리는 개혁은 2008년, 2012년, 2015년, 2017년의 4차례 이루어졌다. 2008년 제도 개혁의 핵심은 재가급여 강화이다. 즉, 노인이 지속적으로 재가에 거주하기 위한 방안을 강화하였다. 재가급여 강화의 초점은 장기요양지원센터 설립을 통해 사례관리를 강화한 것이다. 이는 일본이 지역포괄지원센터를 통한 지역사회 보호를 강화한 것과 같은 맥락이라고 할 수 있다. 또한 재가급여 활성화를 위해 현물급여와 현금급여의 혼합급여를 강화, 다양한 주거개념 허용, 비공식 수발자 지원 강화 등을 제시하고 있다.

2012년 개혁의 핵심은 치매환자에 대한 장기요양보험의 강화에 초점을 두고 있으며, 본 개혁에서도 치매환자가 집에서 거주하면서 적절한 보호가 이루어지도록 하는 정책이 추가되었다. 일반 집에서 거주하면서 일상생활 수행능력에 제한이 있는 사람과 이들을 돌보는 가족수발자의 부담을 덜어주기 위한 '추가돌봄서비스', 새로운 주거유형에 대한 지원을 보충하였다.

2015년에 이루어진 장기요양강화법 I은 재가급여 강화에 초점을 두고 있으며, 특히 가족수발자 지원 강화를 가장 큰 목적으로 하고 있다. 주요 내용은 급여의 인상과 주거개선지원금 상향 조정, 주야간보호 지원 강화, 수발자 지원 확대이다. 2017년부터 시행되는 장기요양강화법 III에서는 자치단체의 역할을 강화하여 장기요양지원센터를 자치단체 차원에서 설립하도록 하고 있다.

2. 독일 장기요양보험에서의 AIP 실천 내용

가. 재가 이용자의 선택권 보장: 현금급여, 혼합급여, 현물급여

독일 장기요양보험이 재가 중심이라는 것을 가장 잘 보여주는 것은 동일 등급일 경우 시설급여와 재가급여 한도액이 동일하다는 점이다. 즉 3등급일 경우 재가에서 이용할 수 있는 한도액과 시설한도액이 동일하게 책정됨에 따라 제도적으로 재가 이용을 촉진하고 있음을 보여준다.

독일은 재가에서 거주하며 이용할 수 있는 서비스는 현물급여와 현금급여가 있다. 재가에서의 현물급여는 방문요양, 현금·현물 연계 급여, 재가급여를 이용하는 공동생활가정을 위한 추가급여, 대리수발, 보장구 및 주거환경개선지원금이 있다. 재가에서의 다양한 선택권을 보장하는 것은 노인이 지역에서 거주하면서 보호받을 수 있도록 하는 다양한 지원 방안이다. 특히 현금급여를 통해 가족 등에 의한 비공식 수발을 지원함으로써 재가 중심 제도의 원칙을 실현할 수 있도록 한다. 현금·현물 연계급여는 방문요양 또는 주야간보호를 전액 사용하지 않은 경우, 나머지 금액은 현금급여와 연계하여 사용할 수 있도록 하고 있다.

복지용구는 일회용 장갑과 같은 소모품부터 전동리프트까지 다양하여 수발보장구 보장 범위가 넓게 보장되며, 주거환경개선비용은 4000유로까지 지원, 여러 명의 수급자가 함께 거주할 경우 최고 1만 6000유로의 지원금(선우덕 등, 2016)을 지급한다.

현금급여는 재가급여 수급권자가 현물급여 대신 선택할 수 있는 현금급여와 대리수발비와 주거환경개선금과 같이 현금으로 추가 지급되는 급여들이 있다.

수발지원금은 수급자가 주야간보호, 단기보호 등의 재가급여를 이용할 경우 발생할 수 있는 수발자의 비용 부담을 덜어 주기 위해 월 125유로를 지급하는 것이다.

또한 재가급여 활성화를 위해 재가급여를 이용하는 공동생활가정을 위한 추가 급여를 지급하고 있다. 이는 장기요양등급 판정을 받은 2명 이상의 수급권자가 공동생활가정에서 생활할 경우 추가적인 급여를 지불하는 것이다.

대리수발비란 수발자가 휴가, 질병 또는 다른 이유로 수발을 하지 못하게 된 경우 연 최고 6주까지 대체수발비용을 지급하고 있다. 단, 대리수발비는 수발대상자가 2등급 이상의 판정을 받아야 하며, 6개월 이상 수급권자가 주거지에서 수발했음을 증명하면 된다.

나. 가족수발자 지원

독일은 제도 도입 초기부터 현금급여를 도입함에 따라 비공식적 돌봄에 대한 인정 수준이 높았다. 2015년 제도 개혁에서 비공식 수발자에 대한 급여를 더욱 확대하고 있으며 이는 향후 미래의 돌봄노동인력의 부족, 사회적 재정부담이 높아질 것을 고려하여 비공식수발자에 대한 적극적 활용방안이기도 하다.

독일 장기요양보험에서 비공식 수발자는 규칙적으로 매주 2일 이상에 걸쳐 10시간, 한 명 이상의 2~5등급 장기요양수급권자를 가정에서 비직업적으로 수발하는 자(사회법전 19조)로 정의된다.

이들 비공식 수발자에 대해서는 사회보험료 지원, 수발휴가, 수발지원금, 수발교육이 이루어진다. 사회보험료 지원은 연금보험, 산업재해보상보험, 실업보험, 의료보험을 지원한다. 실업보험은 가족을 수발하기 위하여 소득활동을 포기한 경우 2017년부터 장기요양조합에서 수발기간 동안 실업보험료를 지원하고, 가족을 더 이상 수발하지 않게 되었지만 바로 소득활동을 하지 못할 경우 실업급여수급권이 보장되며 취업지원서비스를 제공받을 수 있다.

수발휴가는 대리수발과 단기수발휴직제도가 있다. 대리수발은 비공식 수발자가 휴가나 질병 등의 사유로 본인이 수발하지 못할 경우 연간 최장 6주간 정해진 한도액 내에서 사용할 수 있는 제도이며, 단기수발휴직은 수발을 위해 최장 6개월간 무급휴가를 신청할 수 있는 법적 권리를 의미한다. 또한 가족수발단축근무가 2015년부터 도입되어 근무를 하면서 수발을 필요로 하는 가족을 직접 돌볼 수 있게 되었다.

수발지원금은 가족수발로 인하여 소득활동이 중단된 경우, 대체임금을 신청할 수 있는 제도이다. 이는 세후근로소득액의 90%, 최고 보험료 산정한도액의 70%가 지급된다. 수발교육은 가족과 수발봉사자들을 위한 장기요양조합에서의 무료 교육이다.

다. 장기요양지원센터

독일은 2008년 장기요양개혁을 통해 장기요양지원센터 설치를 법제화하였다. 장기요양지원센터는 장기요양대상자의 주거지에 근거한 포괄적인 지원시스템이 부재하다는 문제의식에 의해, 재가보호를 시설보호에 우선한다는 원칙에 따라 설립된 것이다.

장기요양지원센터에서는 급여신청부터 급여종류, 급여액 및 급여제공기관, 그리고 의료 및 사회서비스에 대한 각종 정보와 상담을 제공하는 기능을 한다. 장기요양지원센터의 주요 기능은 상담을 통해서 장기요양대상자와 가족의 욕구를 분석하고, 적절한 장기요양 급여를 선택하도록 도움을 주는 사례관리를 수행하는 것이다. 이는 일본의 지역포괄지원센터와 유사하게 기능하며, 특히 장기요양 이외의 의료와 사회적 도움 등도 조정과 연계하도록 하고 있다.

장기요양지원센터의 관리주체는 공적 의료보험과 장기요양보험, 민간 의료보험과 장기요양보험, 주정부의 노인보호 및 사회부조 담당기관이 관리주체로 작동하고 있다.

독일 헤센주의 마르부르크(Marburg) 장기요양지원센터는 독일의 장기요양지원센터의 일반적인 모형으로 공무원, 사회복지사, 보험전문가 등으로 구성되어 운영되고 있다. 주정부 직원인 공무원과 사례관리 업무를 수행하는 사회복지사, 의료보험과 장기요양보험의 보험전문가로 구성된다. 인구 5,000명에 1개 기관 정도가 배치되며, 마르부르크 장기요양지원센터는 헤센주와 요양보험조합(Krankenkssen)에서 지원을 받는다.

이 센터는 2010년에 설립(독일의 법적 근거는 2008년 시작)되었으며, 헤센주에는 10개의 센터가 운영 중이다.

독일 전국에는 550개의 장기요양지원센터가 설립(2017년 기준)되어 있으며, 아직 장기요양지원센터가 설립되지 않은 지역에서는 장기요양조합이 대신 상담서비스를 제공할 의무가 있다.

라. 다양한 주거 형태에서의 재가급여 이용 촉진

전통적 노인공동주택의 수는 감소하고(선우덕 등, 2016), 대안적 주거 형태가 다양화되고 있다. 그 형태는 양로보호거주, 호화로운 타입의 노인주택, 시니어주거공동체, 공동가정, 요양주거공동체, 양로보호가정 등과 같이 다양화되고 있다.

이와 같은 주거시설의 다양화는 과거 주택과 돌봄을 이분화하여 접근하던 방식에서 점차적으로 노인이 거주하는 곳에서 돌봄을 받을 수 있도록 하는 제도적 변화에 따른 결과라 볼 수 있다. 다양한 형태의 주거가 나타난 것은 이동거리가 먼 노인을 개별 방문하여 제공하는 서비스 운영의 어려움을 해소하기 위해 공동거주 방식으로 개선하고자 하는 목적에서 도입된 형태이다.

새로운 주거유형으로는 시니어주거공동체, 요양주거공동체와 같은 시설을 들 수 있다. 이와 같은 새로운 유형에서 등급판정을 받은 경우 2~13명의 남녀 노인이 함께 생활하는 경우 사생활과 독립적인 삶을 유지하도록 매월 최고 205유로의 추가지원금을 받을 수 있다(선우덕 등, 2016).

제4절 네덜란드 돌봄개혁을 통한 AIP 실천모형

1. 네덜란드 장기요양 개혁

네덜란드는 1968년 전 세계적으로 가장 먼저 장기요양보험을 도입한 국가이다. "건강보험에 적용되지 않는 의료 지출"을 보장하기 위해 특별의료비보장제도(AWBZ)라는 명칭으로 제도를 시행하였으며, AWBZ는 장기요양보험으로서 일상생활도움, 신체활동지원, 간호, 치료, 시설입소 등의 서비스를 제공하고, 건강보험(ZVW)과 사회지원/복지(Wmo)와 함께 장기요양을 포괄하는 형태였다(이윤경 등, 2012).

〈표 3-9〉 네덜란드의 2015 개혁 이전 보건의료·복지 체계

	장기요양보험(AWBZ)	사회복지(WMO)	건강보험(ZVW)
장기요양 (Long term care: LTC)	일상생활 도움 신체활동지원 간호 치료 시설입소	가사지원서비스	일부 의료기기 (보장구)
사회복지 (LTC 관련)		식사배달 주택개선 교통서비스	
non-LTC	모성간호 재활치료(너싱홈 혹은 가정 내) 일시적 치료	다양한 사회복지서비스	의료

자료: 이윤경 등. (2012). 장기요양 등급판정 도구 개편에 관한 연구. 국민건강보험공단, 한국보건사회연구원, 가톨릭대학교. p. 179.

네덜란드는 2015년을 기점으로 국가의 돌봄 체계의 개혁을 실시하였다. 이는 Wmo 2015라고 불리며, 가장 핵심 내용은 사회지원법(Wmo)을 중심으로 돌봄 체계를 개편한 것이다. 개편 내용의 가장 큰 특징은 기존 노인, 만성질환자, 청소년, 정신질환자 및 장애인에게 적용되었던 특

별의료보장제도(AWBZ)가 폐지되고, 그 기능은 ① 의료 분야에 관한 것은 건강보험법(Zvw), ② 지방정부로 추가 임무들과 함께 책임이 이전되는 사회지원법(Wmo), ③ 장기요양 시설보호와 관련된 것은 장기요양법(Wlz), ④ 아동의 건강예방 및 정신건강보호와 관련된 것은 새청소년법(Jeugdwet)으로 개편되었다.

[그림 3-6] 네덜란드의 보건의료 복지체계 개혁

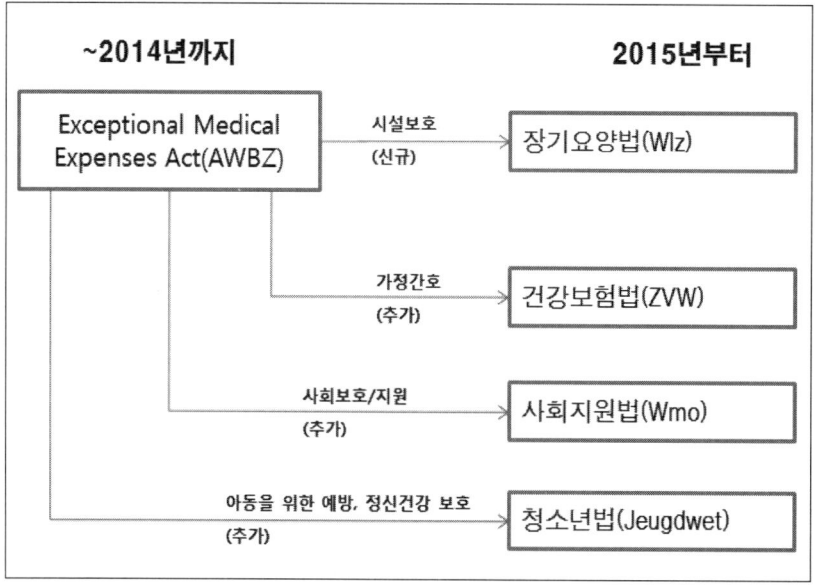

개혁의 주요 핵심은 장기요양의 경우 이전보다 엄격한 인정조사 과정을 거치게 되며, 클라이언트의 자립능력 여부, 형성되어 있는 네트워크를 통한 도움 수혜 가능성 여부를 조사받게 된다. 또한 과거 충분히 요양시설로 갈 수 있었던 소위 '가벼운 돌봄'이 필요한 경우는 요양시설 입소가 허락되지 않게 되었다. 즉, 지역사회를 중심으로 한 돌봄 체계로 대대적 전환이 이루어지게 되었다.

이와 같은 개혁을 하게 된 배경은 증가하는 재정 부담을 감소시키기 위한 것으로, 중증 이상의 클라이언트를 대상으로 한 재정 축소는 어렵다고 판단하여 비교적 경증 대상자의 사회지원서비스 축소를 통한 절감 방식이라고 할 수 있다. 이는 과거 중앙정부의 장기요양법에서 실시하던 서비스의 상당 부분을 지역사회로 전환하려는 노력이다.

2015 개혁의 내용 중 하나는 노인의 가정방문을 통하여 어려움이 있는 노인을 발굴하기 위해, 은퇴한 시민들을 자원봉사로 활용하여 가정방문을 실시하는 것이다. 로테르담의 경우 2015년에는 은퇴할 모든 로테르담 시민에게 자원봉사에 대한 필요성, 의의 및 훈련프로그램이 담긴 패키지를 보내 지역에서 노인을 돌보는 역할을 수행하기 위한 노력을 한다. 암스테르담의 경우는 노인-학생 협회 주관으로 학생들이 노인들을 돕는데 약간의 수고비를 받고 학생들이 가사일을 도와주거나, 노인을 방문하여 함께 시간을 보내는 것 등의 역할을 한다.

네덜란드가 이와 같은 혁신적인 개혁을 실시한 이유로는 앞서 언급한 것과 같이 사회적 비용의 과도한 증가를 들 수 있다. 따라서 사회적 부담을 감소시키는 대안 모색의 방향으로 노인을 가능하면 지역사회에 거주하도록 하는 AIP의 방향성이 제시된 것이다. 또한 장기요양보험과 건강보험, 사회복지의 세 영역 간의 역할 조정은 노인을 중심으로 하여 개편되었으며, 지역에 거주하는 노인이 적절한 보호를 받기 위한 방안으로서 지역방문간호사 제도 도입, ICT 등 복지 기술의 적극 활용, 노인용 주택 확대 및 개조 등의 서비스 지원 등이 가장 큰 특징으로 나타난다.

2. 네덜란드 장기요양 및 노인돌봄제도에서의 AIP 실천[8]

가. 2015년 장기요양 개혁을 통한 지역에서의 돌봄 제공 현황

　네덜란드의 2015년 돌봄 개혁은 노인들이 가능하면 오랫동안 시설에 가지 않고 자택에 거주할 수 있도록 하는 것을 목표로 한다. 이를 위해 지역에 거주하는 노인을 중심으로 한 지방자치단체의 역할이 강화되었다. 요양을 필요로 하는 노인 중 매우 심각한 보호를 필요로 하여 계속적인 지켜보는 돌봄이 필요한 경우는 시설요양이 필요한 경우로 보고 장기요양보험(Wlz)에서 보호를 하며, 그 이외의 노인의 경우 건강보험과 사회복지인 지역복지 영역에서 보호한다. 지역에 거주하는 노인보호 사례는 네덜란드 보덴베르크(woudenberg)시를 통해 살펴보았으며, 그 내용은 다음과 같다.

　보덴베르크시는 위트레흐트(Utrecht)주에 위치한 인구 1만 2000명(2017)의 소규모 도시이다. 시청의 사회지원과에서는 돌봄이 필요한 노인이 발생할 경우 욕구조사를 철저히 실시한다. 욕구조사의 신청은 주로 주치의나 해당 지역 전문가(가정방문간호사, 요양보호사 등), 또는 시청 사회지원팀(Social team)에 의해 이루어진다. 지역정부에서는 노인의 자립성, 가족상황, 친구·이웃 자원, 특히 봉사를 활용한 식사준비, 시장보기, 교회활동 등의 자원에 대한 철저한 조사를 실시한다. 조사 실시자는 시청의 컨설턴트로, 노인이 복합적인 문제가 있을 경우에는 의사, 물리치료사, 재활치료사 등이 방문하게 된다. 컨설턴트 2명(1명은 파트타임)에 의해 주로 욕구조사가 이루어지며, 지역 social team은 가정지도, 스스

---

[8] 본 연구를 위해 수행된 네덜란드 출장 시 보덴베르크 시청 사회지원팀장, 주간보호소 직원, 지역 간호사 인터뷰 결과를 종합하여 작성함.

로 생활할 수 있도록 도움, 지도자의 역할, 미용실 약속을 잡아주는 등의 역할도 수행하게 된다. 지역사회 네트워크 중요성, 교회와 긴밀히 연계, 교인들이 자원봉사로 치매노인을 방문하는 것을 중요한 사업이라고 생각한다. 보덴베르크시는 '보덴베르크(woudenberg)는 서로 돕는다'라는 지역조직 운동, 공동체를 강조한다.

지역사회 치매노인돌봄을 위해서는 치매주간보호, 치매 가족에 대한 정보 제공, 교육, 초기 치매의 경우 매주 모임을 진행하고, 알츠하이머 카페 운영, 방문요양(간호)서비스 제공 과정에서 치매노인 케어매니저를 통한 상담과 교육 등이 이루어진다.

2015년 개혁의 평가 및 가장 큰 변화는 노인보호에 대한 인식의 변화를 들 수 있다. 위 개혁은 노인이 가능한 자립적으로 생활하도록 하기 위해 임파워먼트 하는 것에 초점을 두고 강조하며, 스스로 자립적으로 선택하고 생활할 수 있도록 정보 제공, 선택권 제공, 주변 사람들의 참여를 촉진하기 위한 노력, 법적으로 자녀에게 보호를 강요하지는 않지만 가족과 자녀들이 격려를 받으면서 노인을 돌볼 수 있도록 지지, 과거 재정지원에 그쳤던 가족 돌봄(mautal zorger)에 대해 이제는 활동계획, 정서적 지원, 치매 교육 등의 서비스로 가족을 지원하는 등 다양한 차원에서의 접근이 이루어졌다. 하지만 이는 지방정부별 내용이 상이하며, 일부 지역에서는 현금지원을 하기도 한다.

지역 중심의 의료·요양사회서비스에 대한 2007년과 2015년 개혁을 통해 국민들의 인식에도 변화가 나타났다. 국민들도 노후에 최대한 지역에서 거주하는 것으로 생각하고, 요양시설은 삶 말기에 이용하는 것으로 인식하고 있다. 또한 최대한 노후에 자립적으로 지역적으로 거주하기 위해서는 노인 스스로 자립하기 위한 노력을 해야 한다는 자립심이 높아졌다.

지자체에서는 집안 개조(집에 엘리베이터 설치, 노인보조의자 사용, 문

넓히기 등)와 가족에 대한 지원을 하며, 특히 치매 가족에 대해서는 치매에 대한 교육, 정보 제공, 정책적 지원 등이 다양하게 이루어진다. 지역에서 가사지원은 개인이 비용을 지불하는 방식으로 하되, 소득에 따라 차이가 있으나 일반적으로 1시간에 22유로이다. 지자체에서 서비스의 양, 비용 등의 획일화된 기준은 없으며, 개인에 따라 개별화되어 있다. 따라서 1주에 방문하는 시간, 빈도가 매우 상이하다.

네덜란드 지역에서의 노인보호는 제공 주체의 우선순위를 지칭하는 '노인의 보호 피라미드'를 제시한다. 공식적 서비스가 제공되기 이전에 가족, 친척, 자원봉사, 지역 등의 도움을 통해 보호를 하고, 그 이후 전문가, 사회팀(지자체 전문직원)에 의한 보호가 제공된다. 즉, 제공 인력에서의 단계를 가지고 가능한 한 비공식적 자원을 통한 욕구충족을 위해 노력하고 점차적으로 공식적 서비스 이용으로 올라가는 형태이다.

2015년 개혁의 중심 내용 중 하나는 지역간호사 제도의 부활이다. 지역간호사 제도는 100년 전부터 있었으나, 2015년부터 '지역간호사'라는 명칭을 회복하고 활성화시키게 되었다. 지역에서 노인, 장애인 등에게 필요한 서비스가 무엇인지를 파악하고 가정방문을 통해 간호 서비스를 제공한다. 지역간호사 제도의 부활을 통해 지역사회에 거주하는 노인의 의료적 욕구를 즉각적으로 해소할 수 있게 되었다.

지역간호사의 업무 방식은 간호와 요양이 팀을 이루어서 활동하는 형태이다. 일반적으로 12명이 1개 팀을 이루어 직접 서비스뿐 아니라 행정관리까지 하게 되는 형태이다. 간호사는 간호업무 외에 요양업무도 가능하고 실제 서비스를 제공할 때 간호와 요양업무도 수행한다. 이는 이용자 중심의 서비스 제공 체계로서, 1명의 노인에게 지나치게 많은 서비스 제공자가 방문하기보다는 가능한 한 적은 수의 제공자가 방문하기 위한 방안이다. 간호사 이외에 요양서비스만을 제공하는 요양사가 있으나, 이들의 업무는 요양에 국한하고 있다. 그러나 대부분의 노인이 복합적 건강 문제를 갖고 있어 요양만을 필요로 하는 사례가 적어 요양사의 업무가 적은 것이 문제로 나타난다.

방문요양간호는 노인방문의 경우 1일 필요에 따라 1회~수회 진행되며, 대부분 1회 방문에 10분 정도 방문하고 최대 35분으로 배치한다. 상처치료 등이 있을 경우 시간이 많이 소요되지만, 간단히 약을 챙겨주거나 인슐린 주사를 놓거나 압박양말(혈액순환용)을 신기거나 벗기는 등의 간단한 업무는 시간이 많이 소요되지 않는다. 그 외에도 목욕 등의 신체지원도 포함된다.

1명의 클라이언트는 평균 3명 정도의 간호사 또는 요양보호사가 방문한다. 네덜란드는 파트타임의 근로 형태가 일반적으로 오전, 오후, 야간 등의 간호사 또는 요양보호사가 방문하는 형태이다.

또한 네덜란드는 지역간호 업무 효율화를 위해 기계 또는 전산 프로그램을 적극 활용하고 있다. 예를 들어, 자동으로 약이 나오는 기계, 요양플랜을 세우는 프로그램(zorgplan), 간호프로그램(NANDA 등)을 활용한다. 또한 지역간호사는 태블릿PC를 활용하여 케어프로그램에 따라 노인 집을 방문하여 서비스를 제공할 때마다 서비스 내용, 노인의 상태 등을 기록한다. 서비스 제공기록의 전산화를 통해 직원 간 서비스를 제공하는 노인의 상태, 그 이전에 제공된 서비스 등을 공유하는 체계를 갖추고 있다.

네덜란드의 대표적인 지역간호기관(Buurtzorg)은 전국 지역간호사 기관으로, 지역단위 팀(최대 12명의 간호사)으로 구성되어 지역간호를 하는 기관이다.

조직 및 운영 형태는 10명이 한 팀으로 근무, 3명은 응급 시 일하도록 구성되고, 4명의 간호사가 있으며, 이 중 2명은 계획을 수립, 2명은 직원 업무를 분담하는 역할을 수행한다.9) 팀이 자발적인 운영을 하며, 케어계획-

서비스-평가 등을 함께 한다. 10명이 주 1회 회의를 하도록 하며, 이것은 팀에서 스스로 결정하도록 한다. 태블릿PC를 통해 업무를 수행하며, 서비스 제공 계획과 서비스 제공 내용 등을 기록하면 바로 지역간호기관(Buurtzorg) 중앙에 정보가 보내지고, 이를 활용하여 보험 청구 등을 실시하는 등 행정 효율화가 이루어지고 있다.

1팀이 보통 노인 40명 정도를 보호하며, 1일 1회에서 최대 6회까지 방문한다. 서비스 시간은 밤에는 가능하면 서비스를 제공하지 않지만 응급상황 체계는 갖추고 있다. 서비스 내용은 간호와 요양, 가사는 제공하지 않는다. 다만 간단한 식사 챙기기 정도를 하기도 하지만, 공식적 서비스는 아니다.

치매노인에 대해서는 별도의 매니저 제도를 갖추고 있는데, 제도적으로 별도로 있는 것은 아니고 치매의 특수성을 고려하여 운영하고 있다. 치매매니저는 노인과 가족을 중심으로 치매에 대처할 수 있도록 교육하며, 케어 기술 교육 등을 실시하고, 상담에 초점을 맞추어 운영하고 있다. 치매매니저는 일반 간호 역할도 수행한다.

나. 노인의 지역사회 계속 거주를 위한 환경 개선

2015년 개혁으로 인한 변화 중 하나는 개혁 이전에 요양시설 입소가 가능하던 비교적 경증의 돌봄 필요도가 있는 사람은 더 이상 요양시설 입소가 허락되지 않는다는 것이다. 이로 인해 경증의 돌봄 필요도인 사람은 거주하던 집에서 계속 거주해야 되며, 이러한 문제를 해소하기 위해서는 2021년까지 해마다 노인용 주거지를 4만 4000채씩 늘려야 하는 상황이다. 따라서 네덜란드 정부 차원에서는 이를 해소하기 위해 이미 거주하는

---

9) 직접 면담한 간호사는 주 24시간 근무하며 20시간은 직접간호, 4시간은 행정플랜 수립.

주택의 개조를 지원하는 것에 초점을 두고 정책이 수행되고 있다. 주택 개조는 자가 소유자뿐 아니라 주택임대자의 경우도 주택 개조가 이루어질 수 있도록 지원한다. 지방정부와 주택공사들이 노인주택 개조를 위해 협력하고 격려하도록 하며, 주택임대자의 경우 집주인이 거동이 불편한 세입자를 위해 집을 개조하면 임대료를 올리는 것을 허락하고 임대료가 오른 집에 사는 장애인 및 노인은 국세청에서 임대료보조금을 받도록 하고 있다. 주택소유자의 경우는 문턱, 욕실 및 화장실 개조, 계단의자 엘리베이터 설치(네덜란드의 주택은 일반적으로 2층으로 구성되어 주택 개조에서 엘리베이터 설치 욕구가 높음), 알람 시스템 등의 개조를 지원한다.

또한 지방정부는 노인용 주택 확보와 개조 등에 주력하지만 여전히 공급이 부족한 상태이다. 이를 해결하기 위해 마을 내 요양시설의 빈 공간(방)이 있을 경우 노인 거주를 위한 공간으로 임대(일반적으로 네덜란드의 요양시설은 개인실과 화장실이 별도로 구성된 형태임)하여 주거를 해소하기 위한 노력을 하고 있다.

제5절 한국 AIP 중심 노인보호 개편의 시사점

일본과 독일, 네덜란드는 대표적으로 고령화율이 높으며 사회보장제도의 성숙으로 높은 복지 수준을 유지하는 국가들로, 노인의 돌봄을 장기요양보험제도를 중심으로 이끌어가는 국가이다. 이들 3개국에서는 장기요양제도의 개혁을 실시하였으며 그 핵심에 노인의 지역사회 계속 거주를 위한 AIP를 실천하기 위한 다양한 방안이 모색되고 있다. 다음과 같은 공통적인 개혁 방향과 내용은 우리나라의 노인 요양보호 정책 개편에 시사하는 바가 크다.

첫째, 지역을 기반으로 한 장기요양, 노인돌봄 체계로의 전환이 명확히 제시되고 있다. 독일을 비롯한 일본과 네덜란드 모두 지역을 기반으로 한 돌봄 체계로의 전환을 명시하고 있다. 독일은 재가급여 우선원칙을 제시하고 2008년 개혁의 초점을 지역을 기반으로 한 재가급여 강화를 위한 개선이 이루어졌다. 일본 또한 개호보험 도입 이후 2005년부터 지역의 역할을 강조하였다. 네덜란드 또한 2015년 장기요양개혁에서 중앙의 보험 중심에서 지역으로의 전환이 가장 큰 개혁의 방향이다.

둘째, 지역 단위의 서비스 제공을 위한 욕구사정과 서비스 계획, 서비스 제공 등의 사례관리 체계화가 이루어졌다. 이용자의 선택권 보장을 우선적으로 지향하던 독일은 노인이 지역사회 내에서 거주하면서 발생하는 다양한 욕구를 충족시키기 위해서는 충분한 상담과 정보 제공이 필요하다는 필요성을 인식하였고, 이를 위해 사례관리를 진행하는 장기요양지원센터를 운영하고 있다. 이는 노인의 재가보호를 촉진하기 위해 장기요양지원센터가 필요함을 정부에서 인지함에 따른 결과이지만, 의무이용에 대한 별도의 규정은 없는 상황이다. 일본은 제도 초기부터 케어매니지먼트 방식으로 운영하고 있다. 이에 더하여 일본은 지역단위 서비스의 중요성을 더욱 부각시키고 단지 개호보험뿐 아니라 지역사회에까지 영역을 확대하여 사례관리를 할 지역포괄지원센터를 도입하여 강력히 추진 중에 있다. 네덜란드 또한 과거 장기요양에서 이루어지던 재가보호를 지역사회 역할로 전환하면서, 지방정부(시)에 의한 욕구조사와 서비스 계획, 제공의 과정을 강화하였다.

3개국 모두 사례관리의 운영주체는 다소 차이가 있으나, 지역을 기반으로 한 AIP를 위해 사례관리의 필요성에 따른 개편이 이루어졌다는 공통점을 갖는다.

셋째, 독일과 네덜란드의 경우, 가족 자원의 적극적 활용을 위한 노력이 이루어지고 있다. 특히 독일은 가족이 노인을 돌볼 수 있도록 다양한 지원이 이루어지고 있어 가족이 비공식 수발로서 공식적 서비스에 대한 보완적 역할이 아닌 급여 제공, 사회보험권 부여, 휴가, 대체급여 제공 등의 가족을 돌보는 것에 대한 사회적 인정이 이루어지고 있다.

네덜란드는 과거 현금급여를 통해 가족에 의한 보호를 유인했으나, 제도 개편 이후 현금급여보다는 가족과 이웃 등의 비공식적 인력의 적극적 참여를 촉진하기 위한 노력을 수행한다. 또한 가족에 대한 교육, 상담 강화 등을 통한 가족의 역할 확대를 위한 노력을 기울이고 있다.

독일과 네덜란드에 비해 일본은 현금급여를 도입하고 있지 않으며 가족에 대한 적극적 지원은 부족한 실정이다.

넷째, 다양한 고령자용 주거 형태에서의 재가서비스 이용을 적극 활용, 지지하고 있다. 노인의 지역사회에서 계속 거주를 위해서는 현재의 집, 주거지의 불편함을 해소하면서도 시설에 입소하지 않는 방안으로서 고령자용 주거 형태를 다양하게 활용하고 있었다. 특히 최근 일본에서는 개호보험 개혁에서 서비스가 제공되는 주거 형태를 다양하게 운영하고 있으며, 독일은 주거시설은 아니지만 노인끼리 자발적으로 모여 사는 여러 거주 형태를 인정하여 재가서비스를 제공하며 이를 촉진하기 위한 추가 급여를 제공하고 있다. 네덜란드에서도 고령자용 주거지원을 실시하고 있음을 볼 수 있다.

노인보호에서의 다양한 주거에 대한 대안을 모색하는 것은 시설 형태가 아닌 일반 주택의 형태이지만 보호를 필요로 하는 노인의 밀집 주거를 통해 서비스 이용이 용이하도록 하는 형태로 변화하고자 하는 노력이다.

다섯째, 노인이 지역사회에서 계속 거주하기 위해 필요한 장기요양-의료가 연계하여 이루어지며 제도 간 벽을 허물고 있다. 일본과 네덜란드는 장기요양의 개혁에서 장기요양과 의료개혁이 함께 이루어졌음을 볼 수 있다. 즉, 제도를 중심으로 한 개편이 아닌 노인이 지역사회에서 편리하게 거주할 수 있는 '노인을 중심으로 한 체계'로 전환하게 되며 이러한 점에서 장기요양과 의료의 연계는 당연한 결과로 나타난다.

여섯째, 노인이 지역에서 생활하면서 필요한 생활지원 물품과 서비스를 다양화하고 복지 기술(welfare technology)의 적극 도입이 이루어지고 있다. 기능이 악화된 노인의 지역사회 거주를 저해하는 요인 중 하나는 생활지원 물품이나 서비스가 원활히 제공되지 못함에서이다. 따라서 노인의 자립적 생활을 지원하기 위한 장보기, 식사, 청소, 외출, 병원동행을 비롯해 은행업무, 그 외의 생활에 필요한 소소한 생활지원에 대한 물품과 서비스에 대한 제공 방안을 고려하고 있다. 일본의 지역포괄지원센터에서는 개호보험뿐 아니라 지역에서의 서비스에 대한 욕구사정 및 이용계획이 이루어지며, 이는 네덜란드에서도 마찬가지로 이루어지고 있다. 그리고 이들 국가에서 재가거주 촉진을 위해 최근 돌봄로봇이나 돌봄에서 정보통신기술(ICT) 개발에 대한 지원과 적용이 이루어지고 있음도 우리에게 시사하는 바가 크다.

제4장

노인과 전문가의 지역사회 계속 거주(Aging in place)에 대한 인식

제1절 노인의 관점에서의 AIP에 대한 의견
제2절 전문가의 지역사회 계속 거주(AIP)에 대한 의견
제3절 노인과 전문가의 AIP 인식 차이

노인과 전문가의 지역사회 계속 거주(Aging in place)에 대한 인식

AIP의 개념을 둘러싼 기존 논의를 살펴볼 때, AIP를 하나의 통일된 정의로서 적용하기는 어렵다. 더 나아가 과연 일반적으로 회자되는 것과 같이 노인은 모두 살던 곳에서 계속 거주하기를 희망하고 있는지에 대해 노인의 입장에서 귀 기울일 필요가 있을 것이다. 또한 최근 노인복지를 비롯하여 요양, 의료, 주택 등의 다양한 영역에서 AIP를 지향점으로 제시하고 있으나, 개별 연구자가 인지하는 AIP의 모습은 상이할 것으로 예상된다.

본 절에서는 지역에서 거주하고 있는 노인과 시설에서 거주하고 있는 노인이 생각하는 이상적이고 현실적인 노년기 공간을 둘러싼 삶에 대해 인터뷰한 결과를 제시하고자 한다. 또한 기존 노인 관련 연구를 수행한 연구자(전문가)를 대상으로 이들이 생각하는 AIP의 개념과 관련 생각을 분석하였다.

제1절 노인의 관점에서의 AIP에 대한 의견

1. 연구대상 및 질문 내용 구성

지역사회 계속 거주(Aging in place)에 대한 노인들의 생각을 알아보기 위해 지역사회 거주 노인과 시설 거주 노인을 대상으로 사례조사를 실시하였다. 지역사회 거주 노인은 스스로 일상생활이 가능하여 지역사회에 거주하는 집단과 노인장기요양서비스의 재가서비스를 이용하는 집단으로 구분하여 조사를 진행하였으며, 시설거주 노인은 노인장기요양기관 거주 노인을 중심으로 조사를 진행하였다. 위 세 집단은 건강상태, 거주

환경 등이 상이한 특성을 반영하여 각 대상별 상황에 부합하는 방법으로 조사를 실시하였으며, 자세한 방법은 다음과 같다.

일상생활이 가능한 지역사회 거주 노인은 현재 지역 내에서 AIP를 실현하고 있는 집단으로 지역사회 내 거주에 대한 노인들의 생각에 대하여 인터뷰를 진행하였다. 먼저 인터뷰 대상은 75세 이상 노인 중 도시 거주 노인 1개 집단, 농촌 거주 노인 1개 집단으로 각 집단별 남녀 각각 1개 집단으로 세분화하였으며, 총 4개 집단을 대상으로 인터뷰를 진행하였다.

역연령을 통한 노인에 대한 일관된 기준은 노인 개개인의 노후시기 편차와 특성들이 간과될 수 있는 한계점이 있다(정주원, 조소연, 2013)는 기존의 연구결과와 노인을 74세 미만의 전기노인과 75세 이상의 후기노인으로 구분한 Neugarten(1974)의 연구결과 등을 고려하여 본 연구에서는 75세 이상 후기노인을 대상으로 인터뷰를 진행하였다. 또한도시노인과 농촌노인이 갖는 지역사회 네트워크 수준 및 지역 응집성의 차이 등을 고려하여 도시 거주 노인과 농촌 거주 노인으로 집단을 구분하였다.

조사 대상은 도시 거주 노인의 경우 노인종합복지관의 협조로 복지관 이용 노인을 중심으로 인터뷰를 진행하였으며, 농촌 거주 노인은 면 단위의 경로당 이용 노인을 중심으로 인터뷰를 진행하였다.

인터뷰 대상은 도시 거주 여성 노인 5명, 도시 거주 남성 노인 5명, 농촌 거주 남성 노인 5명, 농촌 거주 여성 노인 4명으로 총 19명에게 인터뷰를 진행하였다.

〈표 4-1〉 지역사회 거주 사례조사 대상 노인의 특성

집단A	구분	A1노인	A2노인	A3노인	A4노인	A5노인
도시 거주 여성 노인	지역	도시	도시	도시	도시	도시
	성별	여	여	여	여	여
	연령	78	76	79	84	73
	배우자 유무	없음	없음	없음	있음	없음
	가구 형태	독거	자녀동거	독거	자녀동거	독거
	거주 형태	아파트	아파트	아파트	아파트	아파트
	거주지 층수	19층	10층	3층	5층	7층
	엘리베이터 유무	있음	있음	없음	있음	있음
	주택 소유 형태	자가	자가	전/월세	자가	자가
집단B	구분	B1노인	B2노인	B3노인	B4노인	B5노인
도시 거주 남성 노인	지역	도시	도시	도시	도시	도시
	성별	남	남	남	남	남
	연령	77	82	83	78	80
	배우자 유무	있음	없음	있음	있음	없음
	가구 형태	자녀동거	독거	부부	부부	독거
	거주 형태	일반주택	일반주택	일반주택	아파트	연립/다세대
	거주지 층수	1층	3층	3층	6층	1층
	엘리베이터 유무	없음	없음	없음	있음	없음
	주택 소유 형태	자가	자가	자가	자가	전/월세
집단C	구분	C1노인	C2노인	C3노인	C4노인	C5노인
농촌 거주 남성 노인	지역	농촌	농촌	농촌	농촌	농촌
	성별	남	남	남	남	남
	연령	84	86	77	81	82
	배우자 유무	있음	있음	있음	없음	있음
	가구 형태	부부	부부	부부	자녀동거	부부
	거주 형태	일반주택	일반주택	일반주택	일반주택	일반주택
	거주지 층수	2층	1층	1층	1층	1층
	엘리베이터 유무	없음	없음	없음	없음	없음
	주택 소유 형태	자가	자가	자가	자가	자가
집단D	구분	D1노인	D2노인	D3노인	D4노인	
농촌 거주 여성 노인	지역	농촌	농촌	농촌	농촌	
	성별	여	여	여	여	
	연령	88	80	76	74	
	배우자 유무	없음	없음	있음	없음	
	가구 형태	독거	독거	부부	자녀동거	
	거주 형태	일반주택	일반주택	일반주택	일반주택	
	거주지 층수	1층	1층	1층	1층	
	엘리베이터 유무	없음	없음	없음	없음	
	주택 소유 형태	자가	자가	자가	자가	

인터뷰는 크게 두 가지 차원에서 진행되었다. 첫째, 과거부터 현재까지를 기준으로 현재 거주하고 있는 집, 지역, 주민과의 관계 등에 대한 만족도와 불편함, 60세 이후 이사경험 및 적응과정 등, 둘째, 미래에 대한 생각을 기준으로 향후 희망 거주 형태, 희망 거주 형태에 영향을 미치는 요인, 건강 악화 시 희망 거주 형태 등에 대해 인터뷰를 진행하였다. 또한 인터뷰 외에 추가적으로 노년기 거주 형태에 대한 노인의 인식에 대해 간략하게 설문을 진행하였다.

다음으로 지역사회에 거주하고 있으나 건강 악화로 인하여 노인장기요양서비스를 이용하고 있는 75세 이상 후기노인 4명을 대상으로 인터뷰를 하였으며, 의사소통이 어려울 경우 보호자와의 인터뷰로 대체 진행하였다. 인터뷰 대상 노인은 지방 대도시에 거주하며, 방문요양서비스를 이용하는 노인으로 각 대상자의 가정에서 인터뷰를 진행하였다.

〈표 4-2〉 재가서비스 이용 사례조사 대상 노인의 특성

구분	성별	연령	장기요양 등급	이용 서비스	치매 여부	주요 증상	가구 형태	인터뷰 대상
G1노인	여	84	2등급	방문요양	비치매	와상, 뇌졸중	자녀동거	며느리
G2노인	여	81	4등급	방문요양	치매	시각장애 1급, 고혈압, 당뇨, 관절염	부부	노인과 배우자
G3노인	여	89	3등급	방문요양	비치매	뇌경색, 고혈압	자녀동거	딸
G4노인	남	82	5등급	주간보호	치매	치매, 우울증, 당뇨, 고혈압, 관절염	자녀동거	딸

시설 거주 노인은 현재 노인요양원에 입소한 노인 7명을 대상으로 인터뷰를 진행하였다. 이들 역시 지역사회 거주 노인과 같이 75세 이상의 후기노인으로 한정하였다. 또한 지역사회에서의 생활과 시설입소 후 생활에 대한 비교가 가능할 수 있도록 노인요양원 입소 1년 미만, 의사소통

가능자를 대상으로 하였다. 인터뷰 대상자 모집은 요양원의 협조를 바탕으로 이루어졌으며, 2개소의 요양원에서 진행하였다.

요양원 입소노인의 특성상 신체적·정신적 건강상태가 좋지 않은 분들로 집단인터뷰가 어려울 것으로 사료되어 개별 인터뷰 방법으로 진행하였다. 인터뷰는 E요양원 3명, F요양원 4명의 노인을 대상으로 진행하였으며, 각 대상자의 특성은 다음과 같다.

〈표 4-3〉 시설 거주 사례조사 대상 노인의 특성

구분	성별	연령	장기요양등급	치매 여부	주요 증상	입소기간
E1노인	여	89	2등급	치매	치매, 골절	5개월
E2노인	여	79	3등급	치매	치매, 협심증	3개월
E3노인	여	85	2등급	비치매	하지기능저하	2개월
F1노인	여	93	3등급	치매	치매	11개월
F2노인	여	87	3등급	치매	치매	3개월
F3노인	여	81	2등급	치매	치매	2개월
F4노인	여	77	3등급	치매	치매	10개월

또한 지역사회 거주 노인과 시설 거주 노인은 현재 거주 형태, 생활방법 등이 상이하므로 인터뷰 질문을 상이하게 구성하였다. 인터뷰 내용은 시설입소 이전의 생활, 시설입소 이후의 생활, 향후 생활에 대한 기대 등으로 구성하였다.

나. 노인 사례조사 분석 결과

본 연구의 노인 사례조사 분석은 건강상태가 양호한 지역사회 계속 거주 노인을 대상으로 한 집단인터뷰와 지역사회 거주 재가서비스 이용 노인 대상 개별 인터뷰, 시설 거주 노인을 대상으로 한 개별 인터뷰로 구분하여 실시하였다.

1) 지역사회 거주 노인과 지역사회 계속 거주

지역사회 거주 노인이 생각하는 Aging in place의 거주 지역에 따른 차이를 살펴보기 위하여 도시 거주 노인과 농촌 거주 노인 집단으로 구분한 인터뷰 및 설문조사 결과는 다음과 같다.

가) 현 지역에서의 계속 거주 선호

노년기 거주지 이전에 대하여 노인들은 부정적으로 생각하는 것으로 나타났다. 〈표 4-4〉와 같이 대부분의 인터뷰 대상자들은 현재 자신이 살고 있는 집에서 계속, 죽을 때까지 살고 싶었으며, 새로운 지역사회로의 이전도 선호하지 않는 것으로 나타났다. 특히, 농촌지역의 경우 현재의 집에 계속 살고자 하는 욕구가 100.0%로 나타나 도시지역에 비해 그러한 특성이 더욱 두드러지게 나타나고 있다.

그러나 인터뷰 결과에 따르면 거주지 이전에 대한 부정적 인식의 이유는 두 집단별 약간의 차이를 보이고 있었다. 도시노인의 경우 노화에 따른 기력쇠약 등으로 이사에 필요한 제반 절차들을 스스로 처리하기 어려워 거주지 이전을 선호하지 않는 경우가 있었다. 반면, 농촌지역의 경우 태어나서부터 현재까지 한 지역에서 거주하는 경우가 많아, 이주 시 새로운 곳에 적응하는 것에 대한 두려움과 현재 이웃과의 관계가 끊어지는 것에 대한 아쉬움에 이주를 선호하지 않았다.

지금 노인들은 고령이라 이사가 쉽지는 않아요. 어디 가나 혼자 사는 것은 마찬가진데 번거롭게 이사하고 그러는 것은 하기가 힘들지.(B4, 78세, 도시)

낯선데 가 봐야 여기만 못하고 적응하기 어렵지.(C4, 81세, 농촌)

아들이 오라고는 하지만 여기는 어렸을 때부터 같이 자란 친구들인데 아들 있는데 가면 아는 사람도 없으니까… 친구도 있고 모임도 있고 하니까 서로 막 지내고, 농담도 하는데….(C1, 84세, 농촌)

이주 경험 역시 두 집단에서는 상이한 특성을 보이고 있었다. 도시지역의 경우 남성 노인은 동일한 거주지에서 30년 이상 거주한 경우가 많았으나, 여성 노인은 지역사회 안에서 상황에 따라 거주지를 이전한 경우가 많이 있었다. 반면, 농촌지역의 경우는 태어나서부터 또는 결혼 이후 계속 동일 지역에서 거주하는 것으로 나타났다.

나 혼자 살아요. 지금 단독주택에 사는데 45년째 거기서 살고 있지.(B2, 82세, 도시)

작년에 이사 왔어요. 오피스텔로. 8평짜리 오피스텔에 혼자 살고 있어요. 저는 뉴타운에서 아들과 살다가 아들이 미국으로 가면서 내가 오피스텔로 들어갔어요.(A1, 78세, 도시)

열일곱에 결혼하고 여기 와서 계속 사는 거지… 전쟁통에 왔어.(D1, 88세, 농촌)

인터뷰 결과 두 집단의 가장 큰 차이점은 이웃과의 관계에 대한 인식으로 나타났다. 도시지역 거주 노인은 깊이 있는 이웃관계가 없고, 이웃은 인생에서 중요하지 않으며, 복지관에서 만나는 사람들과 더 깊은 관계를 맺고 있다고 응답하였다. 그러나 농촌지역의 경우는 이웃과의 관계를 매우 중요하게 생각하고 있으며, 경로당 또는 노인회관에서 일상생활을 함께하며 이웃과의 교류의 장으로 경로당 등을 활용하고 있었다.

나는 이사 가도 상관없어. 여기서 사람들 다 알고하는데 우리는 나이가 많이 들면 별로 상관없어. 아파트는 30년을 살아도 이웃을 잘 몰라. 옆집에서 뭘 하는지도 몰라.(A4, 84세, 도시)

거기는 아파트는 가보니까 이웃할 수 있는 사람이 없어. 주변사람들은 엘리베이터에서 가끔 마주치면 여기사는 사람이구나 하는 거지 터놓고 이야기할 사람은 없어. 복지관 헬스장이나 이런데 가면 정기적으로 나오니까 그런데서 만나는 사람 두서넛 이야기하는 정도지 대화상대자도 없고, 소일할 사람도 없어. 좀 외롭지. 그런데 그게 외롭다고 생각한 적은 없기도 하고.(B4, 84세, 도시)

우리는 우리끼리 사람들이 안 나오면 전화도 하고 그래. 서로가 챙겨주고 그러는 거지. 이렇게 친구들이랑 있으니까 사는데 도움도 되고 그렇지. 여기 오는 사람들은 5년만 다녀도 수명이 더 길어져.(C1, 84세, 농촌)

이러한 차이는 두 지역의 지역적 특성에 따른 결과로 해석할 수 있다. 본 인터뷰에 참여한 도시지역 거주 노인의 경우 많은 수가 60세 이후 이사 경험이 있으며, 복지관을 이용할 수 있는 거리 안에서 이주를 하였다. 즉, 집을 중심으로 한 이웃관계는 거주지 이전의 주요한 요소는 아니나, 사회참여활동의 장이 될 수 있는 복지관 동료와의 관계는 거주지 이전에 주요한 요소로 작용하고 있는 것으로 볼 수 있다. 반면, 농촌지역의 경우 거주지와 경로당 및 노인회관은 근거리로 경로당 이용자와 이웃이 거의 동일한 특성을 갖는다. 이는 두 지역의 공간적 거리와 관계적 거리의 차이에 따른 결과라 볼 수 있다. 도시지역의 경우 공간적 거리 내에서의 이웃과 관계적 거리에서의 이웃이 상이하지만, 농촌지역의 경우 공간적 거리 내에서의 이웃과 관계적 거리에서의 이웃이 일치하는 특성을 보인다.

복지관 때문에 여기를 못 떠나. 애들보다 복지관이 더 좋아. 여기를 못 떠나지...여기가 좋아서. 여기 오면 다 아는 사람이니까.(A1, 78세, 도시)

활동보다는 여기 오면 다 아는 사람이니까 다 친구니까 그래서 행복하지. 내 활동보다는 다 아니까 너무 좋아요. 자식 따라 가래도 난 안 갈 거야.(A1, 78세, 도시)

여기서 젊은 양반들이 밥도 해주고 하니까 좋아. 회관에 있으면서 젊은 사람들이 해주니까. 쌀이 나오니까 밥을 해주고, 시골농사채소가 있으니까 같이 해서 먹기도 하고 그러지. 회관에서 할머니들이 잘 살아. 효자보다 회관이 더 좋아. 점심은 여기서 먹고, 오후 되면 집에 가고 아니면 놀다가 가고 그러는겨. 저녁도 먹고 싶으면 해먹고 그래.(D1, 88세, 농촌)

도시지역 거주 노인과 농촌지역 거주 노인은 지역사회 밀착 정도에서도 차이를 보이고 있었다. 〈표 4-4〉의 '노인용 주택 또는 요양시설로 이사한다면 지금 사는 곳이랑 가까이 있었으면 좋겠다'는 질문에 대하여 농촌지역 거주 노인의 약 90% 이상이 동의하였다. 이는 농촌지역 노인의 경우 현재 거주지역이 고향이며, 이웃주민들과 오랜 기간 관계를 유지하고 있어 지역사회에 대한 밀착 정도가 높다고 볼 수 있다.

여기 있는 사람 다 여기가 고향이야. 태어나서부터 계속 살았지. 학교도 같이 다니고. 여기서 떠나면 친구들이 제일 그리울 거야.(C5, 82세, 농촌)

노인들은 현재 본인 거주지의 편리성에 대해 〈표 4-4〉와 같이 불편함을 적게 느끼는 것으로 나타났다. 도시지역 거주 노인의 경우 아파트 거주 노인이 많으며, 농촌지역 거주 노인의 경우 최근에 집수리를 마쳐 불편한 부분을 많이 해소하였다는 의견이 있었다. 그러나 엘리베이터가 없는 연립/다세대 주택 등에서는 이동의 불편함을 호소하기도 하였다. 이러한 결과는 아직 노인들은 문턱 없는 방, 욕실 안전바 등과 같은 고령친화적 주거환경에 대한 인식이 낮고, 현재의 주거환경에 만족하고 있음에 따른 것으로 사료된다.

수리해 줄 거 없어. 욕심 부려 봤자…우리는 2층인데 손잡이가한 쪽으로 되어 있어. 근데 그거 누가 고쳐 준다고 했는데 그냥 두라고 했어.(C1, 84세, 농촌)

사는 데는 불편한 건 없어요. 우리는 빌라가 되어서 그 주위는 다 3층 빌라인데 나는 3층에 살고 있어요. 엘리베이터도 없는데 오르내리는 건 운동한다고 생각하고 다니면 괜찮아요.(A3, 79세, 도시)

내가 3층에서 살고 있는데 전에는 젊고 건강할 때는 1층에서 3층까지 왔다갔다가 편했는데 지금은 다리도 아프고 허리도 아프니까 3층까지 올라가기가 힘들어. 나이가 들고 몸이 불편해지만 고령층은 단층에서 살거나 또는 엘리베이터가 있는 집에서 사는 것이 좋지 않을까 생각해요.(B3, 83세, 도시)

마지막으로, 자녀와의 관계와 지역사회 계속 거주와의 관계를 살펴보면, 인터뷰 내용과 설문 내용이 상이함을 볼 수 있다. 인터뷰 내용에 따르면 도시노인과 농촌노인 두 집단 모두 자녀는 자신의 거주지 결정에 큰 요인이 아니라고 응답하였다.

근데 자녀가 내가 아프면 나를 보살필 건가? 그건 아니니까...그래서 나는 자녀 가까이 가고 싶지 않아.(A1, 78세, 도시)

자식들에게 부담주고 싶지 않고, 경제적 능력 있으니까 고급스러운 데 들어가서 편하게 살고 싶다는 생각도 해요. 나는 요양시설에 들어갈 의향이 있어요. 내가 독거노인이 된다면 요양시설로 바로 들어갈 것 같아요.(B4, 84세, 도시)

모실라 해야 모실 수 없는 집이 많아. 며느리랑 아들이 다 직장을 다니니까. 집을 비워놓고 노인 혼자 두니까 못하는 거지. 자기가 놀면서 못하는 사람은 많지 않아. 부부가 같이 먹고살라고 사니까 그럴 수밖에 없어. 문을 잠가 놓고 갈 수도 없는 거고...그냥두면 안 되는 거고. 그래서 돈은 여러 자식들이 나눠서 낼 수 있지만 모실래야 모실 수는 없어.(C1, 84세, 농촌)

자식들이 부모 안 모시니까 우리를 (요양원) 보내는 거지. 거기는 가야 하는 거야. 거기 가는 게 정상이야.(D4, 74세, 농촌)

그러나 〈표 4-4〉에 따르면 노인 개인의 생각을 묻는 설문조사에서는 '나이가 들면 자녀와 가까이 사는 것이 중요하다'에 보통 이상 동의하는 비율이 도시와 농촌 모두 70% 이상으로 나타나 설문조사 내용과 인터뷰 내용이 상이하게 도출되었다. 이는 집단인터뷰에 따른 결과의 차이로 생각할 수 있다. 즉, 집단인터뷰에서는 타인의 의견에 동조하지만, 자신의 생각을 적는 설문조사에서는 자신의 실제 의견을 기입한 것으로 추측된다. 따라서 노인의 지역사회 계속 거주에 대한 '자녀요인'에 대해서는 좀 더 심도 있는 연구가 필요할 것으로 보인다.

〈표 4-4〉 사례조사 대상 노인이 생각하는 노년기 거주지 이전

(단위: %)

구분		전혀 동의하지 않는다	동의하지 않는다	보통이다	동의하는 편이다	매우 동의한다	계
1. 나는 내가 지금 사는 집에서 계속 살고 싶다.	도시	20.0	0.0	0.0	40.0	40.0	100.0(10)
	농촌	0.0	0.0	0.0	0.0	100.0	100.0(9)
2. 죽을 때까지 지금 집에서 계속 살고 싶다.	도시	10.0	10.0	10.0	30.0	40.0	100.0(10)
	농촌	0.0	0.0	0.0	0.0	100.0	100.0(9)
5. 지금보다 더 나은 지역으로 이사하고 싶다.	도시	40.0	30.0	10.0	10.0	10.0	100.0(10)
	농촌	88.9	11.1	0.0	0.0	0.0	100.0(9)
7. 노인용 주택 또는 요양시설로 이사한다면 지금 사는 곳이랑 가까이 있었으면 좋겠다.	도시	30.0	0.0	10.0	40.0	20.0	100.0(10)
	농촌	11.1	0.0	0.0	11.1	77.8	100.0(9)
8. 나이가 들면서 집에 불편한 부분이 있다.	도시	40.0	30.0	0.0	30.0	0.0	100.0(10)
	농촌	66.7	0.0	11.1	0.0	22.2	100.0(9)
9. 나이가 들면 자녀와 가까이 사는 것이 중요하다.	도시	30.0	0.0	20.0	20.0	30.0	100.0(10)
	농촌	22.2	0.0	11.1	22.2	44.4	100.0(9)
10. 이사하고 싶지만 할 수 없이 살고 있다.	도시	50.0	20.0	10.0	20.0	0.0	100.0(10)
	농촌	77.8	0.0	0.0	11.1	11.1	100.0(9)

나) 요양시설은 가고 싶지 않지만 가야 하는 곳

건강 악화에 따른 요양시설 입소에 대해 노인들은 양가적인 감정을 느끼고 있는 것으로 나타났다. <표 4-5>와 같이 '건강이 나빠져도 서비스를 이용하거나, 가족이 돌봐주면 지금 사는 집에서 살고 싶다'는 응답의 비율이 농촌지역에서는 100.0%로 나타났다. 그러나 인터뷰 결과에 따르면 도시지역과 농촌지역 모두 배우자를 대상으로 재가서비스를 이용하고 있는 노인들은 방문요양서비스의 서비스 제공시간 부족 및 서비스 내용에 대한 불만족으로 가족들이 집에서 장기요양대상자를 돌보는 것에 대해 어려움을 호소하고 있었다.

우리 집사람은 그것도 지금은 잡고 움직이니까 되는 거지 대소변 받아 줘야 하면 그 사람(요양보호사)이 올까? 대소변 볼 때만 그 사람이 와서 해주는 것도 아니고 그것도 안 되면 시설로 보내야 하는 거지. 대소변을 하루 3~4번 받아야한다면 내가 못해. 그렇게 돌보는 게 한계가 있어.(C1, 84세, 농촌)

감당하기 어려워. 방문요양은 내가 다 관리하고, 음식도 내가 다하고 환자만 봐주는데 환자는 대변봤을 때마다 요양보호사가 있는 것도 아니니까 별로 필요 없어. 나를 도와주고, 청소를 도와주는 것이 더 도움이 될 텐데... 그래서 재가 가지고는 안 돼. 요양보호사 하루 3시간을 쓸 수 있고, 나는 24일을 쓸 수 있는데 그게 내가 복지관 와야 할 시간에 오면 그냥 집안일도 해주는 것도 아니고 내가 나오니까 그냥 남편 옆에 그냥 앉아 있어서 별 필요가 없어. 그래서 시설로 남편을 보낸 거지.(A4, 84세, 도시)

〈표 4-5〉의 결과에 따르면, 요양시설 입소의 당연성에 대해서는 두 지역 모두 90% 이상이 동의하는 것으로 나타났다. 즉, 노인들은 가능한 한 집에서 오래 거주하고 싶지만, 요양시설 입소는 피할 수 없다고 인지하고 있는 것이다.

최소한도로 안 가는 게 좋아. 늦게 가야 해. 그래서 자식들한테 아프다는 말 자꾸 하면 안 돼. 자꾸 병원 간다고 하면 귀찮아서도 거기 보내. 내 돈 있으면 자식들한테 주지 말고 내가 알아서 써야 해. (D4, 74세, 농촌)

요양원에 가고 싶어 가는 사람이 어디 있어…어쩔 수 없이 가는 거지. 경로당에서 놀다가 집에 가서 자면서 죽는 게 제일 좋지.(C1, 84세, 농촌)

그러나 인터뷰 결과 노인들은 요양시설에 대한 부정적 시각이 높은 것으로 나타났다. 따라서 요양시설은 노인들에게 가능하면 가고 싶지 않지만 사회적 분위기로 인하여 어쩔 수 없이 비자발적으로 가야 하는 곳으로 인식되고 있었다.

요양원에 가면 밖에도 못 가게 하고, 치매환자들을 때린다고도 하고, 자유를 구속하는 거 같아서 싫어. 그게 제일 크지.(C3, 76세, 농촌)

요양원은 옛날 고려장터니까… 음식도 내가 먹고 싶은 것도 못 먹고… 거기 가면 주는 대로 밥 먹고 해야 하니까, 그런 게 고려장이지. (D4, 74세, 농촌)

거기 가면 꼼짝 못해. 그런데는 똥 많이 싼다고 밥도 적게 준대. 잠도 수면제 줘서 재우고. 아주 기가 차.(D1, 88세, 농촌)

이에 노인들은 요양시설은 어쩔 수 없이 갈 수밖에 없는 곳이므로 요양시설에서 마지막을 편하게 보낼 수 있도록 요양시설에서 양질의 서비스를 제공해 주기를 희망하였다.

그게 지금 말씀하신 대로 요양원 같은 요양시설의 시설개선이 필요해요. 내가 들어가 보니까 송장들만 있는 것 같고, 5~6명이 한 방에 있고, 간병사는 1명밖에 없어. 1명이 얼마나 돌봐주겠나…..자식들도 자주 와보지도 않고… 그런 시설을 개선해서 따뜻한 분위기로 만들 수 있도록 할 필요가 있지. 간병인도 숫자를 늘려서 1:1로 간병해주면 아주 좋겠지만 그러면 돈이 많이 드니까….(B4, 84세, 도시)

여기 주변에 부인들이 간 곳도 있고 많이 있어. 시내에도 많고. 잘해 주는 요양원도 있다고는 하더라. 그런 거 잘되어 있고 대우 잘해 주는 데가 좋아. 우리는 그런 거밖에 원하는 거 없어.(C1, 84세, 농촌)

〈표 4-5〉 사례조사 대상 노인이 생각하는 건강 악화 시 거주지 이전

(단위: %)

구분		전혀 동의하지 않는다	동의하지 않는다	보통이다	동의하는 편이다	매우 동의한다	계
3. 건강이 나빠져도 서비스를 이용하거나 가족이 돌봐주면 지금 사는 집에서 살고 싶다.	도시	30.0	30.0	0.0	20.0	20.0	100.0(10)
	농촌	0.0	0.0	0.0	11.1	88.9	100.0(9)
4. 건강이 나빠져서 누군가가 계속 도와줘야 한다면 요양시설에 가는 것은 당연하다.	도시	10.0	0.0	0.0	40.0	50.0	100.0(10)
	농촌	11.1	0.0	0.0	11.1	77.8	100.0(9)

다) 접근성이 낮은 노인용 주택

　노인용 주택(실버주택) 입소 의향에 대한 인터뷰 결과 도시와 농촌 모두 상당수의 응답자들이 비싼 가격 때문에 이용할 수 없다고 응답하였다. 즉, 실버타운은 고가라는 고정관념으로 서민들이 이용할 수 없는 곳이라는 인식이 매우 강하게 나타났다. 〈표 4-6〉에서 보는 바와 같이 농촌의 경우 도시보다 이용 의사가 낮게 나타났다.

　농촌지역 거주 노인의 경우 고가의 실버주택에 대한 대안으로 농촌지역 내 실비공동생활가정에 대해서는 긍정적 반응을 보이기도 하였다. 이는 지역사회 내 주민들 간 교류가 활발하고, 현재 경로당 및 노인회관 등에서 낮시간은 함께 보내고 있기 때문에 공동생활에 대한 부담이 적은 것에 따른 결과라 볼 수 있다. 그러나 공동생활가정 입주 시 개인의 사생활이 침해되지 않는 범위를 명확하게 제시하였다. 이는 첫째, 1인 1개의 방 제공으로 개인적인 공간을 확보하고, 둘째, 일상생활이 가능한 건강한 노인의 입소로 서로가 돌봄의 부담을 갖지 않기를 희망하였다. 즉, 자신의 개인적 삶을 중심으로 필요에 따라 서로에게 의지하며 생활할 수 있는 관계와 이를 실행할 수 있는 공간적 활용이 결합되는 형태가 노인들이 희망하는 공동생활가정의 모습이었다. 또한 노인들에게는 이용금액도 중요한 요소로 작용하고 있는 것으로 보인다. 노인들은 자신들이 부담 가능한 정도의 비용이기를 희망하였다.

　　저는 작년서부터 그 생각을 했어요. 애들이 없으니까 실버타운에 갈라고 준비를 했었어요. 그런데 주위에서 너무 이르다고 했는데 지금은 조급해져요. 실버타운도 건강해야지 들어간다고 하는데 그래서 레크레이션 같은 거 따라갈 수 있어야 실버타운에 갈 수 있다고 해서. 그래서 알아봐 달라고 해서 올해는 아니고 내년 금방이니 요즘엔 그래서 뭐 하나라도 사지 말자… 하고 있어요.(A5, 73세, 도시)

그래 살면 더 좋지. 방 따로 살고, 밥은 같이 먹고. 우리는 지금도 좋아. 1인당 최하 50만 원은 줘야 해. 어떤 데는 135만 원 주면 하숙집처럼 지내게 되어 있다고 하더라고. 너무 좋다고 하더라고. 그런 거는 돈이 비싸고 50만~60만 원 줘 가지고 잘 지낼 수 있으면 좋지. 더 싸게 하면 운영이 안 되니까…. 그 정도 해서 대우 잘 받으면 더 바랄 건 없지.(C1, 84세, 농촌)

마을에서는 그럼 좋을 것 같은데. 근데 방은 따로 있어야지. 그러면 좋을 것 같아. 그런데 건강이 안 좋으면 그런데 못 살아. 누가 수발해 주나? 같이 사는 사람이 어떻게 치다꺼리 하냐고, 그건 안 되는겨. 만약에 모여서 산다고 생각해 봐, 10명이 방 10개 해서. 지금보다 더 나이가 많아가지고 밥이나 해먹고 나 옷 빨아 입더라도 어디 한쪽이 시원치 않으면 밥도 자기가 못 해먹지, 그러다 보면 대소변 지리고 하면 누가 돌봐주나. 그러니 할 수 없이 요양원에 가야 해.(D4, 74세, 농촌)

〈표 4-6〉 사례조사 대상 노인이 생각하는 노인용 주택 거주

(단위: %)

구분		전혀 동의하지 않는다	동의하지 않는다	보통이다	동의하는 편이다	매우 동의한다	계
6. 노인용 주택(실버주택)으로 이사하고 싶다.	도시	40.0	10.0	20.0	0.0	30.0	100.0(10)
	농촌	66.7	22.2	0.0	0.0	11.1	100.0(9)

2) 재가장기요양서비스 이용 노인의 지역사회 계속 거주

재가장기요양서비스 이용 노인은 건강상태 악화에도 불구하고 지역사회 내에서 가족 돌봄 또는 공적 돌봄 서비스를 통하여 돌봄을 받고 있는 이들로 건강상태 악화와 Aging in place의 관계 등에 대한 검토를 위해 이들을 대상으로 인터뷰를 실시하였다. 본 인터뷰에서는 건강 악화 이전의 생활, 돌봄 과정의 어려움, 향후 시설 거주에 대한 의사 등에 대해 질문을 하였으며, 분석결과는 다음과 같다.

가) 건강 악화 후 거주지 이동

본 인터뷰에 참여한 노인 4명 중 3명은 건강 악화 전에는 현재 동거 중인 가족들과 떨어져 본인이 장기간 거주해 왔던 지역사회 내에서 계속적으로 거주하였다. 그러나 건강 악화로 인하여 독립적인 생활이 어려워짐에 따라 자녀가 있는 곳으로 이주하였으며, 자녀의 돌봄과 재가장기요양서비스를 통한 돌봄 서비스를 제공받고 있었다. 이러한 현상은 건강 악화 시 결국 노인들은 자신이 살던 지역사회를 떠나 자녀가 있는 곳 등으로 이동할 수밖에 없는 상황을 보여주는 것이다. 이는 결국 건강 악화에 따른 돌봄 필요도의 증가는 노인의 Aging in place를 어렵게 만드는 주요 요인임을 보여주는 결과라 볼 수 있다.

네, 2년 되었어요. 그 전에는 시골에서 혼자 사셨어요. 충남 홍성에서. 엄마 돌아가시고 10년을 혼자 사시는데 우리가 왔다갔다 하는 것도 한계가 있고 10년 동안 사시고는 도저히 혼자 못 사시겠다고 해서… 1년 동안은 아들한테 가서 사시다가… 아들도 있고 며느리도 있는데 잘 안 맞아서

제가 모시게 되었어요. 시골 떠난 진 3년 정도 되셨죠....(G4 노인의 보호자, 82세)

어머님이 전에 ○○시에 오래 사셨어요. 큰아들이 혼자되셨는데 큰아들과 손주 삼남매를 어머님 손으로 키우셨죠. 식사나 빨래 모두. 2년 반 정도 전에 쓰러지셨고.. 그래서 병원에 가셔서 재활하시다가 그렇게 시간이 흐른 다음에 모신 지는 2년 조금 넘었죠. 2년 3개월 정도 되었나 봐요. 집으로 오신지는....(G1 노인의 보호자, 84세)

나) 재가장기요양서비스와 가족 돌봄의 조화

본 인터뷰에 참여한 재가장기요양서비스 이용 노인들은 자녀 또는 배우자와 함께 거주하며, 가족의 도움을 받고 있었다. 현재 재가장기요양서비스 중 가장 많은 비중을 차지하는 방문요양서비스의 경우 3~5등급은 일일 3시간만 이용이 가능하므로 그 외의 시간은 가족들의 돌봄이 필요하다. 인터뷰에 참여한 노인과 보호자들은 3시간으로 한정된 서비스 시간이 매우 부족하다고 하였다. 즉, 서비스 내용이 3시간으로 한정됨에 따라 일상생활지원 위주의 서비스 제공 외에 노인과 대화를 하거나 정서적 지원 서비스를 제공하기에는 시간이 매우 부족한 것으로 나타났으며, 그 외에도 빈번히 이루어지는 병원진료 동행도 시간 부족으로 불편을 겪고 있었다. 이와 같이 지금의 장기요양재가서비스의 서비스 내용과 시간은 가구 내 가족 또는 별도의 간병인 등 노인을 돌볼 수 있는 인력이 있을 경우 이용 가능하며, 이는 재가장기요양서비스를 이용하고자 할 경우에는 가족 돌봄이 함께 제공되어야 노인에 대한 안정적 케어가 이루어질 수 있음을 보여준다.

토요일에 퇴원하겠다고 해서 재활도 다 그만두고 그냥 집으로 퇴원했어요...(중략)... 우리 시누 댁에서 6개월 정도 계시면서, 요양선생님이 오전에 계시고, 그분이 오후에는 아르바이트로 해서 종일 계셨어요. 우리 시누가 일을 하시니까. 그런데 거기서도 밤에 잠 안 자고 하니까 가족들이 너무 힘들어했죠... (중략)...고모네도 65세정도 되셔서 너무 힘들어하시니까 이렇게는 안 될 거 같다고 고모부가 말씀하셔서... 우리는 처음에 요양병원 가자고 했는데 우리 아주버님도 요양병원에 안 보내겠다고 하고, 시누도 그렇게 하겠다고해서...(중략)...결국 6개월 만에 우리가 모시게 되었죠.(G1 노인의 보호자, 84세)

그러니까 저희는 요양사 없이는 우리는 못 살아요. 시장에 가고... 병원에 가고...(중략)....(병원에는 어떻게 가세요?)... 장애인콜택시 불러서 요양사 선생님이랑 같이 가요. 장애인콜이 싸요...(중략)...와서 청소도 해야 하고 여러 가지 먹은 것도 치워줘야 하고, 빨래도 좀 해줘야 하고 오시라 한 거죠...(중략)... 그런데 병원에 가는 게 제일 필요한데... 3시간이면 너무 짧아요. 너무 짧아서 기다리는 시간 있으면 나 혼자 남고 보내야 해요. 병원에서 좋은 분들 만나면 괜찮은데.... 그 사람들한테 장애인콜 불러 달라고 해서 오는 거예요. 특히 우리 시각장애인들 살기가 엄청 어려워요.(G2, 81세)

도움 되죠. 짧은 시간 안에 그걸 해야 한다는 게 바쁘죠. 3시간 안에 빨래하고, 청소하고 하는 걸 생각해봐요. 그분들은 항상 바쁘게 하고 가세요. 앉아서 있다가 갈 시간이 없어요. 3시간 안에.... 그게 시간이 엄청 짧아요. 내가 한번 3시간을 해봤는데 시간이 부족해요.(G3 노인의 보호자, 89세)

다) 시설입소에 대한 보호자와 노인의 인식

　노인을 돌보고 있는 가족들은 건강 악화 등에 따른 돌봄에 대한 부담이 증가하거나 또는 자신의 상황적 변화로 인하여 노인을 모실 수 없게 될 경우 노인을 시설로 모실 수도 있다는 가능성을 열어놓고 있는 것으로 나타났다. 또한, 돌봄을 제공해야 하는 기간이 장기간으로 될 경우 가족의 부담 증가에 대한 걱정과 함께 시설로의 이동을 고려하고 있었다.

　남편이 힘들어해요. 새벽에도 2시에도 막 밥 달라고 하시고...(중략)....나는 어머님이랑 같이 자는데 지금은 어머님이 많이 좋아지셨어요. 남편이 저렇게 잘 드시고 하면 요양원에 가셔야지 우리가 계속 못 모신다고 하죠....(중략).... 내가 일이 바빠지면 비어 있는 시간이 많아서 어머님을 돌볼 수 없어서. 그때 가서는 시설에 모시겠지만 지금은 예전보다는 감사하다고 생각해요.(G1 노인의 보호자, 84세)

　그럼 언젠가는 시설로 가셔야죠...(중략)... 제가 어르신들 보니까 집에서 모시고 하면 딸이지만 짜증나잖아요. 그렇게 하면 짜증내고 하는 거보다는 시설에 가시는 게 나을 거 같아요. 서로 스트레스 받으니까... 내가 짜증내고 하면 아버지도 얼마나 상처받겠어요... 딸인데... 내가 안 그런다고 보장은 못하잖아요. 그런데 가면 직업적으로 하는 분 계시니까... 집에서 모시는 게 정답은 아니라고 생각해요.(G4 노인의 보호자, 82세)

　노인들의 경우도 본인이 시설에 입소할 수도 있다는 가능성을 인지하고 있는 것으로 나타났다. 그러나 시설입소는 가능하면 피하고 싶은 것으로 생각하고 있었으며, 자녀들이 보내면 어쩔 수 없이 가야하는 곳으로 인식하고 있었다. 이러한 결과에 따르면 노인을 돌보고 있는 가족과 돌봄을 받고 있는 노인들 모두 결국에는 시설입소를 피할 수 없음을 인지하고 있었으나, 가능하면 가정 내에서 돌볼 수 있을 만큼 돌보기를 희망하는 것으로 보인다.

이와 같은 인터뷰 결과에 따르면, 노인들을 돌보는 가족들의 부담을 감소시킴으로써 노인의 시설입소 지연과 가족의 돌봄 부담 완화를 위한 지원책이 필요할 것으로 보인다.

너무 힘들게 하시면 우리가 엄마 이렇게 하면 못 모셔, 사람이 잠을 자야지, 너무 힘들어 라고 말하면 요양사 선생님들한테 '그동안 수고했어. 나 요양원으로 보낸대. 나는 안 가고 싶은데 요양원으로 가기로 결정이 났어'라고 말씀하신다고 하더라구요. 그런데도 본인이 소리 지르고 하는 건 절제를 못 하시는 것 같아요.(G1 노인의 보호자, 84세)

시설에 갈 생각은 없지 않고 하는데 그것도 어려워요. 아이들이 그런데 가는 것을 좋아라 하지 않죠...(중략) .... 그건 걔들도 이제 죽을 날만 기다리는 사람들만 한해서만 거기 가는 거 아니냐는 말을 해요. 그런데 정 못 움직이면 가야죠 뭐.(G2, 81세)

3) 시설 거주 노인과 지역사회 계속 거주

시설 거주 노인은 지역사회를 떠나 시설에서 거주하게 되면서 Aging in place를 실천할 수 없는 환경에 거주하고 있다. 이에 시설 거주 노인에게는 시설입소 이전의 생활, 시설입소 이후의 생활, 향후 생활에 대한 기대 등에 대해 인터뷰를 진행하였다. 이에 대한 분석결과는 다음과 같다.

가) 비자발적 거주지 이전

　시설입소에 대한 입소 결정은 대부분 자녀들이 하는 것으로 나타났다. 인터뷰에 참여한 7명의 노인 중 6명의 노인이 시설입소에 대한 결정을 자녀들이 하였으며, 시설 사전방문 및 시설에 대한 선택은 7명 모두 자녀들이 결정하였다. 이러한 결과는 노인들은 비자발적으로 자녀들의 결정에 따라 시설입소 여부를 따를 수밖에 없는 현실을 보여주는 결과이다. 또한 노인들은 시설입소 결정뿐만 아니라 자신이 거주할 시설에 대해서도 본인의 선택권보다는 자녀들의 선택에 따르고 있었다. 이처럼 현재 요양시설에 입소한 노인들은 상당수가 치매 또는 거동불편이라는 상황적 요인들로 시설 사전방문이 어려워 개인의 선택권이 보장되기 어려운 것으로 보인다.

　막내딸이 ○○에 살아요. 막내딸이 여기다 데려다줬지. 나는 한 번도 와봤던 적이 없어.(E3, 85세)

　막둥이가. 내가 친구가 여기 있다고 나도 가겠다고 하니까 막둥이가 여기 와보더니 나를 여기다 데려다줬어. 우리 막둥이만 알아. 내가 여기 있는지. 다른 자식들은 몰라.(F2, 87세)

　이런데 올 거라고는 상상도 못 했지. 내가 이런데 온다고는….(E1, 89세)

　이와 같은 비자발적 거주지 이전은 건강 악화 시 노인들이 지역사회 내에서 자율적으로 거주할 수 있는 환경이 마련되지 않음에 따른 결과라 볼 수 있다. 노년기 사고 및 질병 등으로 건강이 악화되었을 경우, 인터뷰에 참여한 노인들은 병원→(재가)→요양병원→(재가)→요양시설이라는 과정을 거쳐 요양시설에 입소하는 것으로 나타났다. 이는 제한된 재가서비스 이용시간, 가족수발자의 수발부담, 노인친화적이지 않은 거주지 환경 등으로 인하여 건강이 악화된 노인들이 재가에서 지내는 것에 어려움을 경험하기 때문으로 보인다. 또한 노인을 수발하는 가족수발자들이 노인을 부양하는 데 어려움을 느끼게 되면 요양시설 입소를 우선적 대안으로 생각하게 하는 사회적 분위기도 건강이 악화된 노인의 지역사회 계속 거주를 어렵게 만드는 원인이 될 수 있을 것으로 보인다. 이와 같은 결과는 앞의 지역사회 거주 노인들이 '요양원은 가고 싶지 않지만 가야 하는 곳'으로 인식하는 것과 유사한 맥락으로 볼 수 있을 것이다.

5년 전에 교통사고를 당했어요. ○○병원에 있다가 퇴원하고 요양병원에 잠깐 있었지. 다리를 쓸 수 없으니까 휠체어만 타고 다녔어. 요양병원에서 퇴원하고 ○○에 사는 막내딸이 우리 집에 와서 남편이랑 나를 돌봐주었는데 막내딸도 자기 집이 있으니까 애들도 챙겨야 하고... 그래서 우리 집에 계속 있을 수 없으니까 막내딸이 갔어. 그러고는 남편이랑 막내딸이 나를 요양원으로 데리고 간 거야... 우리 막내딸이 이 근처에 살아.(E3, 85세)

집에서 요양보호사가 와서 3시간씩 식사 준비도 좀 해주고 놀다가 갔어요. 근데 상처가 욕창처럼 생겨가지고 병원 가서 치료하다가 요양병원에 있다가 아들이 좋은 곳이 있다고 해서 여기로 왔지. 아들이 정원도 있고 공기도 좋다고 해서 산책하기 좋다고 해서 여기로 왔어요...(중략)... 집에 화장실이 밖에 있어서 힘들었는데 얼마 전에 집 공사를 했으니까 이제 집에 가야지...(중략)... 예전에 요양보호사가 3시간씩 왔고, 지금도 그러면 혼자 살 수 있으니까 여기서 나가기로 했어.(F4, 77세)

나) 자식들에게 부담 주고 싶지 않음

입소노인은 건강 악화에 따른 자녀에 대한 의존도 증가로 인하여 자녀들에게 부담 주고 싶지 않은 마음으로 요양시설에 입소한 것으로 나타났다. 그러나 한편으로는 자신을 요양시설로 입소시킨 자녀에 대한 원망감도 있었다.

막내, ○○이가 여자가 있어. 결혼을 해야 해. 근데 내가 있으면 안 되잖아. 여자가 싫어해. 다른 자식들한테도 가있었지. 근데 막내 ○○이가 제일 좋아. 근데 여자가 있어. 그래서 내가 여기 오자고 했지.(F2, 87세)

전에 ○○요양원에 있다가 거기가 부도가 나서 나를 데리고 나오는 거야. 나는 집으로 가는 줄 알았어. 그런데 나를 또 여기로 데려다 놓은 거야. 나는 거기 요양원에서 나오길래 좋아했는데. 그때 나를 집으로 데리고 갔으면 얼마나 좋았을까... 원망스럽더라고... 지도 힘들겠지만....(눈물을 흘림)(E3, 85세)

다) 입소자들과의 교류 부재

입소노인들은 입소 전 지역사회 관계에서는 다양한 교류를 하며 지역주민들과 깊이 있는 관계를 유지하였으나, 요양시설 입소 후 다른 입소자들과는 교류를 하지 않는 것으로 나타났다. 이는 입소노인 중 상당수가 치매 또는 와상 등 중증의 건강상태를 가지고 있는 이들로 교류하기에는 어려운 상황이기 때문으로 보인다. 이와 같은 입소자들 간 교류 부족은 노인들의 외로움을 심화시키고, 이들의 요양시설 거주 만족도를 낮추게 되는 요인이 될 수 있을 것으로 생각된다.

심심하지. 방에 3명이 같이 지내는데 다 환자 같아서 어울리지 않아. 말할 사람이 없어....(중략)....(F4, 77세)

방에 둘이 있는데 말 안 해... 말이 안 통해... 그냥 멍하게 있어.(E3, 85세)

병원이 깨끗해. 우리 방에 어떤 할매는 밤에 안 자고 움직여서 나는 잠을 잘 못 자. 이상해.(E2, 79세)

라) 집으로 돌아가고 싶지만, 어쩔 수 없이 거주

입소노인들은 요양시설의 답답함, 집과 가족에 대한 그리움을 이야기하며, 집으로 돌아가고 싶은 마음을 지속적으로 표현하였다. 그러나 자신이 집으로 돌아가고 난 뒤 자신을 돌봐주는 가족들에게 부담이 될 수도 있는 상황을 인지하고 현 시설에서 어쩔 수 없이 계속 거주할 수밖에 없다고 인식하고 있었다. 상당수의 노인들이 사망 시까지 현 요양시설에 머물러야 한다고 생각하고 있었다.

걷기만 하면 나가고 싶어... 답답해 죽겠어... 지옥에 갇혀 있는 것 같아.(F3, 81세)

교도소 같아... 목욕도 반듯이 누워놓고 해서 싫어... (중략)... 앞마당 산책도 혼자는 못 나가게 해... 아들이 여기 정원이 좋다고 했는데 나가지도 못하게 하니까....(F4, 77세)

처음에는 집에 가고 싶어서 환장할 것 같더라구. 이제는 포기하고 그냥 최선을 다해. 환경이 그런데 어떻게 하겠어. 환경에 따라 사는 거지.(E1, 89세)

죽을 때까지 여기 있어야지... 그런데 집에는 가고 싶어... 집에 가면 남편이 나를 여기처럼 잘 돌봐줄 수 없대...남편이 힘들 거 같대...내 마음이 복잡해요...(중략)... 자식들이 오면 좋은데 괜히 오다가 사고라도 나 봐... 그게 무서워서 안 왔으면 좋겠어... 근데 얼마 전에 우리 증손주를 봤는데 걔가 그렇고 보고 싶은데 애들이 안 데리고 오네...(E3, 85세)

이처럼 요양시설 입소노인들은 삶 전반에 있어 양가감정이 존재하는 것으로 나타났다. 즉, 집으로 돌아가고 싶지만, 가족들에게 부담을 주는 것에 대한 미안함 등으로 어쩔 수 없이 요양시설에 적응하며 현실을 받아들이며 지내고 있었다.

제2절 전문가의 지역사회 계속 거주(AIP)에 대한 의견10)

1. Aging in place의 개념에 대한 의견

가. AIP는 언제까지를 목표로 실천될 수 있는가?

현 주거지에서 계속 거주하면서 사는 것을 지향하는 AIP의 시간적 측면에서 '계속'은 언제까지로 볼 것인가에 대해 전문가 의견은 이상과 현실로 나뉘어진다. 전문가들은 '지역사회 계속 거주'의 시간적 차원에서의 의미를 이상적으로는 사망할 때까지, 일부 도움을 받아 자립적으로 생활할 수 있을 때까지, 기능 저하 이전까지(자립적 일상생활 가능) 등의 다양한 시점을 생각한다. AIP의 목표 시점에 대한 전문가 의견에서 '기능상태'는 적정 시기를 결정하는 핵심요소로 나타났다. 즉, 기능상태가 저하되더라도 도움을 통해 AIP를 해야 한다는 의견과 스스로 자립적이지 않으면 집에서 거주하는 것은 의미가 없다는 의견으로 구분된다. 이는 일반적으로 돌봄을 필요로 하는 상태에서 AIP를 어떻게 적용할 것인가에 대한 쟁점이 크게 부각되는 것이다. 전체 응답자인 33명 중에서 시간적 제한 없이 죽을 때까지를 목표로 제시한 전문가는 19명이며, 기능이 저하되어 타인의 도움이 필요한 경우는 AIP로 볼 수 없다는 의견이 7명, 시간의 개념에서는 본인의 선택권, 본인이 원하는 시기가 기준점이 된다고 생각하는 의견은 7명으로 나타났다.

응답한 전문가의 상당수는 이상적 AIP에서는 기능상태와 무관하게 죽

---

10) 노인관련 분야(복지, 보건, 건축, 노년학 등) 전문가를 대상으로 AIP의 시간, 공간, 관계적 측면에서의 개념, AIP와 시설보호 관계, AIP 저해요인 및 정책적 개선방안에 대해 이메일을 통한 서면의견 조사를 실시하였음. 조사 대상 선정은 기존에 AIP 관련 연구 또는 논문을 작성하거나 장기요양 관련 논문을 작성한 52명을 대상으로 함. 이 중 총 33명이 응답을 함.

을 때까지 현재 집에서 사는 것이 적합하다고 생각했다.

"시간적 개념을 생각하면 일단은 사망 직전까지 보아야 할 것 같습니다. 노인이 지역사회에 거주한다는 것은 건강할 때만 거주한다는 의미는 아닌 것 같습니다."

"굳이 시간적 차원의 범위를 정하자면 사망에 이르기까지이겠지요. 여기서 '사망에 이르기까지'는 반드시 자신의 집에 거주한다는 의미는 아니고 지역사회 보호체계하에서 사망에 이르는 개념도 포함된다고 봅니다."

"일단 지역사회 계속 거주를 정책적으로 도입한다는 AIP의 시간적 정의는 사망할 때까지로 하는 것이 맞다고 생각합니다."

돌봄을 필요로 하는 시기에 지역사회에서 계속 거주하는 것이 적합할 것인가 또는 현재 현실을 감안했을 때 가능할 것인가라는 점에 대한 고려에서 '가능해야 한다'라는 당위에 강한 동의를 갖는 전문가의 경우 AIP는 죽음의 순간까지도 집을 포함한 지역에서 이루어져야 한다고 생각하고 있다. 또한 최근 정책적으로 웰 다잉(well-dying), 가정 호스피스 도입 등으로 가정에서 임종을 맞이할 수 있도록 하는 변화가 이루어지고 있음을 고려할 때 바람직한 AIP의 모습은 '사망'을 포함해야 한다는 의견이 제시되었다.

"AIP는 독립적으로 생활이 어려워지는 시기부터 사망 시점까지로 보아야 합니다. AIP의 개념을 정의함에 있어 독립적인 생활을 하던 곳에서 신체/인지기능의 변화로 자립생활이 어려워진 노인이 적절한 지원을 받아 지속적으로 집이나 그 지역을 벗어나지 않고 생활하는 것으로 규정하는 것은 당연합니다. 여기에 더하여 재택사(죽음)가 가능하게 하는 AIP를 추구하여야 한다고 생각합니다."

"AIP는 사망하기까지의 기간을 의미해야 한다고 생각합니다. 연명치료 중단, 웰 다잉과 같은 달라진 사회 분위기를 감안할 때 살던 곳에서 생을 마감하는 수준이 되어야 AIP라 할 수 있을 듯합니다."

반면, 응답자 중 상당수는 AIP의 시간적 범위를 무한정으로 두는 것은 적합하지 않고 현실이 고려되어야 한다고 생각했다. 특히 건강상태, 스스로 인지할 수 있는 능력이 유지될 때까지 AIP가 의미가 있다고 생각하는 의견이다. 또한 시간적 제한이 있다고 할 경우도 타인에게 도움을 받지 않는 시점으로 보는 의견과 재가에서 거주하면서 외부 서비스만으로 생활하기 어려운 경우로 그 수준은 나뉘어지고 있다.

"시간적 차원에서의 AIP는 남의 도움을 일부 받으면서라도 일상생활을 할 수 있는 시점까지라고 생각한다. 사망 직전이라기보다는 스스로 인지할 수 있는 능력이 있을 때까지 아닐까?"

"노인 스스로 인식능력을 가지고 있고 의사결정에 대한 판단력이 있을 때까지라고 생각합니다. 사망 직전까지 이러한 인식능력과 의사결정력이 있다면 사망 직전까지가 맞다고 봅니다."

"객관적 시점을 명확히 정할 수 있는 문제는 아니지만, 현재의 거주지에서 계속 머물기를 본인이 원한다면, 거동이 가능할 때까지가 적절한 시점이라고 생각한다. 아무리 본인이 원한다고 해도, 일상의 모든 일들을 다른 사람들의 도움을 받아야 하는 상황이라고 한다면, 요양시설로 옮기는 것이 현실적이라고 생각하기 때문이다. 의료적인 문제나 지원의 경제적 문제를 생각할 때, 그 이상의 AIP를 요구하는 것은 현실적으로 어렵다고 생각한다."

또한 전문가의 의견 중 언제까지를 바람직한 또한 현실적으로 가능한 AIP 인가에 대한 의견에서 노인의 상태보다는 노인이 생각하는 의사, 선택을 중요한 요인으로 제시하였다.

"기본적으로 AIP는 사망까지를 전제하고 본인이 원하는 시기까지 머물 수 있는 것으로 해야 한다고 생각합니다."

"시간적 차원에서의 AIP 개념을 일률적으로 '언제까지'라고 정의하는 것 자체가 의미 있는지 의문입니다. AIP의 개념은 개개인의 선택이라는 측면에서 이해되어야 하겠고 결국 어느 시점까지 지역사회에 머무는 것이 AIP에 해당되는가의 이슈는 노인이 합리적인 판단력을 갖춘 상황에서 자율적으로 선택(환경에 대한 통제력, 다양한 복지 및 건강서비스 선택권)하여 결정하는 시기까지라고 생각합니다."

"가장 중요한 것은 본인의 의지와 선택이라고 봅니다. 즉, 자기 삶에서 더 나은 무언가를 원해서 공간을 이동하게 되는 경우가 아니라, 지역사회에서 살 수가 없기 때문에 공간 이동이 강제로 이루어지는 것(조치와 이송같이)은 AIP 정신에 어긋나지 않는가 하는 생각이 듭니다."

나. AIP의 '장소'의 범위는 어디까지로 설정하는 것이 적합할까?

AIP의 정의에서 장소(place)의 범위에 대한 전문가들의 의견을 경청하였다. 이에 대해서는 행정단위, 이동시간, 노인 개인의 생각 등을 기준으로 다양하게 응답하였다.

공간의 범위를 기준으로 해서는 가장 고전적 개념인 '집'으로 한정해야 한다는 의견부터 객관적 행정기준인 읍·면·동 또는 시·군·구라는 의견이 있었다.

"가장 기본적으로 집으로 한정하는 게 원래 취지라고 생각한다."

노인의 생활범위라는 의미에서 '마을'이라는 의견이 있었으며, 이는 노인이 우리 동네, 우리 마을이라고 생각하는 범위로 개인마다 차이는 있겠으나 일반적으로 읍·면·동의 범위보다는 작은 공간적 개념으로 파악된다.

"집이나 아파트 단지는 너무 협소한 것 같고, 노인들의 생활범위, 즉 지역사회 또는 '마을' 정도가 적절하다고 생각합니다. 읍·면·동도 너무 넓다고 생각합니다."

"자신이 원한 주거지를 건강할 때부터 살았던 지역이 해당될 텐데 우리나라의 주거문화를 고려한다면 읍·면·동 수준이 아닐까 생각됩니다."

"저는 읍·면·동 혹은 이보다 약간 더 큰 범위도 가능하다고 봅니다. 사실, 지역 소도시일 경우에는 그 안에서 이동이 이루어졌다고 지역사회를

떠났다고 보기는 어렵지 않나 하는 생각이 듭니다. 읍·면·동보다는 시·군·구가 어떨까요? 이 범위는 생활공간/교육/여가/건강/돌봄 서비스 이용 공간을 모두 고려했을 때 든 생각입니다."

AIP의 실천에서 공간적 측면을 정의함에 있어서 실제 물리적 공간 보다는 생활에 필요한 인프라, 또는 이전에 일상적인 생활에서 관계를 두었던 기관, 사람들이 포함된 범위를 공간적 규모로 보는 것이 적합하다는 의견이 제시되었다.

"공간적 범위는 자신의 집이라는 범위는 매우 협의의 개념이고, 지역사회까지 포함되는 개념이며, 노인 개인의 입장에서 볼 때는 자신의 일상생활에서 늘 접하는 통상적인 편익시설이 있는 범위이므로 거주하는 집으로부터 도보로 30분 정도 거리가 아닐까 싶습니다."

"노인 개개인이 친숙하게 인식하는 지역의 개념을 파악해야 한다고 봅니다. 예로 어떠한 노인은 아파트 단지를 익숙한 지역사회라고 인식할 수 있는 반면 어떠한 노인은 친숙한 버스 노선에 따라 동, 구 단위의 지역까지 독립적으로 활동할 수 있다고 인식할 수 있을 것 같습니다. 결국 일정 단위의 거리나 행정적 구분이 아니라 노인 개인이 독립적으로 통제력을 갖고 이동/활동/서비스를 이용할 수 있는 공간의 의미로 정의해야 할 것이라 생각합니다."

"노인 자신이 거주하는 집, 또는 가족과 함께 생활하던 장소라는 개념이 무엇보다 중요하다고 생각. 따라서 생활하던 지역사회의 범위는 크게 중요하지 않다고 생각."

이러한 범위의 의미는 익숙한 지역 내에서는 노년기에 이사를 하게되면 집은 변화되더라도 지역이 익숙하므로 AIP를 실천하고 있음을 의미한다. 또한 농촌과 도시와 같이 지역의 특성에 따른 고려가 필요하며, 그리고 AIP의 공간 개념을 시설 관계로 파악하여, 특정 범위 내 시설까지를 포함하고자 하는 의견으로 다양하게 나타났다.

"도시와 농촌의 지역적 차이가 공간적 범위에서는 상당히 중요한 변수가 된다고 보여진다. 하던 일의 지속성, 이웃 관계 등도 Place의 범위를 판단하는 데 중요하기 때문이다. 당연하겠지만, 공간의 범위는 단지 물리적 차원에서 결정될 수 있는 것이 아니라 생활방식, 이웃관계 등과 같은 요인들과의 상관관계 속에서 파악되어야 할 것 같다."

다. AIP에서 익숙한 사람과의 관계는 무엇일까?

AIP는 친숙한 사람들과 오래 함께 생활하는 것이 주요 요인이다. 단지 물리적 공간과 시간적 개념이 아닌 익숙한 관계를 유지하면서 생활하는 것을 전문가는 중요한 차원으로 인식하고 있는 것으로 나타났다. 즉, 거주하던 곳에서 오래 사는 것만이 바람직하고 이상적인 것이 아니라, 그 안에는 사람과의 관계가 유지되어야 함을 의미한다. AIP는 시간과 공간적 요인만이 달성되었을 때는 자칫 Stuck in aging이라는 고립으로 이어질 수 있다는 우려의 의견이 제시되었다.

"공간에 대한 물리적 익숙함도 중요하겠지만, AIP는 그 공간에서 형성된 관계를 지속하도록 하는 것이 핵심 개념이라고 봄."
"저는 관계적 차원이 AIP의 매우 중요한 요인이라고 생각합니다. 특히 지역사회 내의 관계, 이웃 및 지역사회 내의 친구관계가 매우 중요하다고 생각합니다."

"AIP가 성공적으로 되려면 관계적인 관계 설정이 필요하다고 봅니다. 특히 지역사회에서 노인이 생활한다는 것은 주위의 관심과 배려가 없이는 어렵다고 생각합니다."

"사회적으로 고립, 단절되면 AIP의 의미가 별로 없을 것 같아요."

관계에서 노인에게 중요한 타인은 누구인가에 대해 비공식적인 자녀, 친구, 이웃뿐 아니라 공식적 관계를 통한 친숙한 관계까지를 포함하는 등 다양한 의견이 제시되었다. 전문가의 의견에서는 AIP에서 자녀의 중요성을 강조하며, 노인이 돌봄이 필요한 경우 시설입소를 늦추는 강력한 요인이 될 수 있다는 의견이다.

"특히 우리나라 현재 노인세대의 경우 자녀와의 관계가 삶의 질에 있어 매우 중요한데, AIP에서도 역시 마찬가지일 것으로 생각됩니다. 자녀와 한 집에 거주하지 않더라도, 오히려 같이 거주하지 않으면서 자주 왕래할 수 있는 가까운 곳에 거주하는 것에서 노인이 심리적인 안정감을 갖기도 하고, 자녀로부터 받는 실질적인 도움이나 돌봄은 실제로 시설입소를 늦추는 강력한 요인이 될 수 있기 때문입니다."

하지만 상당수의 전문가는 자녀를 통한 지원이 가능한 상황이 아니라고 판단하여, 지역단위의 친구, 이웃, 공적 기관과의 관계를 더욱 강조하는 경향도 나타났다.

"자녀와의 관계도 중요하나 자녀가 직장, 결혼 등으로 다른 도시, 다른 구에 살 확률이 매우 높은 시대이기 때문에 오히려 동네 복지관, 주민센터의 각종 프로그램, 동네 친목회와 같은 곳에서 만나는 친구들과의 관계가 노인의 삶에서 훨씬 중요한 역할을 한다고 생각합니다."

"관계망에서 자녀, 이웃, 지역사회로 확장되어 가는 것인데 자녀가 같은 지역에 있다는 보장이 없음으로 이웃과 지역사회 중심의 복지지원망이 필요함."

"자녀와의 관계는 오랫동안 익숙한 환경을 떠나 노년기에 주거이동을 하게 되는 중요한 계기임. 희망하지 않는 주거이동을 막고 노인의 현 거주지에서 자녀와 상호지원 혹은 자녀지원이 가능한 주거 대안과 서비스 등이 지원되어야 함."

일부 전문가는 노년기에 타인과의 관계를 갖는 것은 매우 중요하지만 과거와 같이 가족에 의한 네트워크 구축이 어렵다는 점을 고려할 때 인위적인 관계망 구성이 필요하며, 그 모형이 은퇴단지(continuous care retirement communities)임을 제시하였다.

"자녀와의 관계도 중요하지만 미래에는 어느 정도의 의미를 부여할 수 있을지 예측하기가 어렵기 때문에 인위적인 관계망 구성이 필요하지 않을까요?"

AIP에서의 관계는 공식적 관계와 비공식적 관계로 구분되며, 관계의 AIP 실현 요인은 독립적 생활이 가능한 상태에서는 비공식적 관계 자원이 중요한 요인이 될 수 있음을 전문가들은 제시하고 있다. 하지만 일상생활에서 부분적으로 도움이 필요한 상태에서는 공식적 관계 자원이 매우 중요함을 강조하였다.

"독립적 생활이 가능한 상태에서는 비공식적 관계 자원이 중요한 요인. 하지만 일상생활에서 도움이 부분적으로 필요한 상태에서는 공식적 관계 자원 중요."

"지역사회/이웃의 관계를 사회구성원이 일상생활+교육/건강/돌봄/사회참여 등의 활동을 하면서 맺게 되는 인간관계 모두를 가리킨다고 이해합니다. 따라서 지역사회 복지관에서 방문 오는 사회복지사와 자원봉사자, 동네 약국의 약사, 각종 점포의 주인들, 경로당 노인들과 같이 익숙한 모든 관계가 지역사회의 사회적 관계망이라고 봅니다."

라. AIP 개념을 정의할 때 고려해야 할 사항은 무엇일까요?

AIP를 정의할 때, 노인의 주관적 인식과 자율성, 본인의 삶에 대한 자율적 통제 가능성이 중요하며, 이는 곧 독립성의 가치를 의미한다고 제시하였다. 즉 어디에서 어떤 형태로 노후를 보낼지에 대한 결정은 본인의 의지에 의해 선택되어야 한다는 것을 의미한다.

"이 외에도 AIP를 통해 달성하고자 하는 몇 가지 중요한 가치들(자율권, 독립성, 안정성, 안전, 생활리듬 유지 등)을 생각해 볼 수 있을 것이며, 개념 정의에도 포함을 검토하는 것이 바람직할 것으로 생각함."

마. AIP 실천을 위해 고려되어야 할 사항은 무엇일까요?

노인이 본인의 집, 지역에서 계속 사는 것이 바람직하다는 AIP의 관점을 실현하기 위해 고려해야 할 사항에 대해 전문가는 물리적 환경 측면과 다양한 지역 내 서비스 등에 대한 의견을 제시하였다.

환경 측면에 초점을 두고, 노인이 지역에서 안전하고 편안하게 생활할 수 있도록 하는 고령친화적 환경에 대한 의견이 제시되었다.

"유니버설디자인(universal design) 개념도 고려해 볼 수 있음(문턱 낮추기, 계단 없애기, 복도의 bar, 화장실의 미끄럼 방지 시설 등)."

"공간적 차원에 포함될 수도 있으나 AIP를 위한 지역사회의 '안전성'(security)(예: 물리적 안전성과 함께 범죄, 자연재해 등으로부터의 안전)도 중요한 이슈라고 생각함."

또한 비자발적 이주가 이루어지지 않도록 지역개발, 주거안정화 정책의 중요성도 제시되었으며, 노인이 지역에서 거주하기 위한 의료와 돌봄 등 서비스의 필요성을 제시하였다.

"AIP는 사회구성원이 자기가 살던 곳에서 살던 방식대로 살 수 있도록 지원하는 것을 의미한다고 봅니다. 따라서 재개발이나 주택가격 변동으로 살던 곳에서 밀려나는 것이 가장 AIP에 부합하지 않는 요소라고 봅니다. 이러한 주거 문제는 간과되는 것 같습니다."

노인이 지역에서 필요로 하는 서비스를 이용할 수 있는 인프라 구축을 중요한 요인으로 제시하였다. 특히 건강이 악화되어 자립적으로 생활이 어려울 경우에도 지역에서 생활하기 위해서는 다양한 의료, 복지 인프라가 갖추어져야 한다고 지적하였다.

"AIP를 실현하기 위해서는 중증이라도 계속 머무를 수 있게 (시설입소를 지연시키게) 만드는 여러 가지 재가요양, 복지 및 생활지원 서비스라고 하겠습니다."

"신체적, 정신적 건강상태가 나빠져도 복지 인프라가 잘 갖추어진 지역사회에서는 노인이 지속적으로 AIP를 실현할 수 있다고 생각되지만 그렇지 않은 지역사회에서는 그다지 심각한 상황이 아님에도 불구하고 자신이 살던 곳을 떠나 시설로 거처를 옮길 수밖에 없기 때문입니다."

"AIP의 개념에서 노인의 선택권과 노인의 선택에 따라 최대한 원하는 곳에서 거주할 수 있도록 돕는 서비스의 제공, 서비스의 조정, 노인이 삶의 질을 유지하면서 지역사회에 거주하는 데 필요한 인프라, 노인의 존엄성을 지켜주려는 사회의 분위기 등 다차원적인 요인이 모두 고려되어야 할 것으로 여겨짐."

2. 노인 특성별 AIP의 차이

노인이 거주하던 곳에서 계속 생활하면서 기존 관계를 유지하는 것을 바람직한 노후의 모습이라고 생각하는 AIP는 노인의 개인적 상황과 환경적 상황에 따라 다른 형태를 보일 것으로 예상된다. 특히 연구진 토론과 전문가 FGI에서는 도시와 농촌이라고 하는 지역별 특성에 따라 AIP를 실천할 수 있는 상황은 달라질 수 있으므로, 향후 접근 방식도 차이를 보여야 한다는 것에 동의하였다. 또한 향후 노인층의 특성이 변화하면서 AIP 실천을 위한 접근법이 달라져야 한다는 판단하에 다양한 전문가들이 인지하고 있는 지역별 노인과 향후 노인세대의 상황의 차이를 예측하고 그에 따른 대응방안에 대한 의견을 청취하였다.

가. 지역별 AIP에 영향을 미치는 상황 판단 및 대응에 대한 생각

조사에 응답한 전문가는 AIP에 영향을 미치는 상황은 도시와 농촌지역이 매우 상이할 것이라고 판단하고 있었다.

도시지역의 경우 공식적 인프라 자원이 풍부하여 기능이 악화되더라도 재가서비스 등을 통해 재가에서 거주할 수 있는 장점이 있는 반면 잦은 주거이동과 소홀한 이웃관계로 비공식적 지원은 부족할 것으로 평가된다. 반면 농촌지역의 경우 일반적으로 오랜 거주로 인해 비공식적 관계가 잘 형성되어 있고 이로 인한 도움을 받을 수 있는 반면, 공식적 서비스가 풍부하지 않은 점을 한계로 지적하고 있다.

"도시지역은 주거이동이 빈번하고 이웃 간 관계도 농촌만큼 형성되지 않아 사회적 관계 측면에서 AIP가 농촌보다 어려운 측면이 있다고 봅니다. 그러나 자원 측면에서는 도시지역이 오히려 유리한 측면도 있다고 생각합니다. 도시에서는 제도적으로 또는 시장을 통해서 필요한 서비스를 제공해줄 수 있는 자원이 많아 유리한 측면도 있습니다."

"도시의 경우 신체가 건강하지 않을지라도 지역사회서비스를 활용함으로써..."

"농어촌 지역의 경우는 보통 거주기간이 오래됨으로 상당히 관계적 측면이 강하고 자신의 터전(경제적 기반)이라는 점, 이주가 빈번하지 않은 점 등이 있어 실제 기능이 나쁘다 할지라도 자신의 생활에 도움이 되는 자원을 확보하기가 용이하고 비공식적 사회적 지지망도 잘 갖춰져 있다고 할 수 있겠습니다."

전문가는 도시와 농촌지역에 대한 노인의 특성과 제반 여건 분석에 따라 AIP 실현 가능성에 대한 판단에도 차이를 보인다. 도시지역은 정주성이 낮고 지역에 대한 애착이 적기 때문에 AIP 실현이 어렵다고 보는 전문가 의견이 있었다.

"도심이나 도농복합지역의 경우는 이사나 이주도 잦고 실제 지역 소속감도 약하고 이웃을 통한 관계망도 취약해 중증에 대한 시설입소가 보다 빠를 가능성도 있습니다. 아무래도 도심지역 노인이 좀 더 취약할 수 있을 것 같습니다."

"우리나라의 도시노인은 지역사회에 대한 애착이 약합니다. 또한 거주주택도 아파트일 가능성이 높습니다. 나이가 들어 경제활동을 하지 않으면 특별히 할 일이 없어서 외롭게 보내는 기간이 길 가능성이 큽니다. 따라서 병약해지면 AIP가 쉽지 않고 병원이나 요양원 같은 곳으로 가서 인생을 마칠 가능성이 높습니다. 즉 AIP가 쉽지 않습니다."

"농촌노인은 도시노인과 달리 자기가 태어난 고향에서 살 가능성이 많고 친인척이나 어릴 때 친구들이 많으며 거주기간도 아주 길 가능성이 많습니다. 따라서 혈연이나 지연의 영향을 많이 받고 전통적인 가치관을 가지고 살 가능성이 많습니다. 주택도 아파트가 아닌 단독주택일 가능성이 많아서 이웃에 개방되어 있습니다. 이들은 몸이 움직이는 한 소일거리로서 텃밭 등의 농업일이 가능하고 혈연이나 지연으로 인한 관계가 지속될 수 있어서 외로움이 도시노인에 비하여 덜할 것으로 판단됩니다. 가능한 자기 집에서 생을 마감하려고 할 겁니다. 즉, AIP 가능성이 높습니다."

반면 농촌에서는 노인의 기능이 악화될 경우 공식적 자원의 부족으로 인하여 자녀 가까이로 이동하게 됨에 따라 노인이 계속 고향인 농촌에서 살기를 희망하겠지만 실현은 어렵다는 관점을 보였다.

"농촌의 경우 AIP는 공간적 차원과 관계적 차원의 경우 잘 실현되고 있고, 앞으로도 잘될 것이라고 보입니다. 그러나 시간적 차원의 AIP는 도시나 도농복합지역에 비해 재가복지서비스의 인원도 부족하고 부모가 더 이상 혼자 살기 어렵다고 판단되면 자녀들이 자신들이 살고 있는 도시로 부모의 거처를 옮겨가기 때문에 결국 사망에 가까워지면 실현되기 어렵다고 생각합니다."

"도시의 경우 신체가 건강하지 않을지라도 지역사회서비스를 활용함으로써 현재의 집과 지역에서 지속적으로 거주할 수 있는 AIP 지속가능성이 높을 것이다."

따라서 지역별 노인의 AIP 실천 전략을 다르게 적용해야 한다는 의견을 제시하고 그 방안 또한 다양하게 제시되었다.

"지역적 특성에 따라서 공동체의 성격이 다르므로 지역에 따라 AIP를 실현하고 관리하는 체계가 달라져야 한다. 예를 들어 도시지역이 농촌보다 대면적 공동체성이 약하므로 보다 시스템적인 관리가 필요함. 반면 농촌지역은 대면적 공동체성은 강하지만 체계적 관리가 약할 수 있다는 차이를 고려해야 한다고 생각합니다."

"농촌의 경우는 일정 공간 내 거주하는 어르신을 모아서 같이 살게 하는 '공동체 주거'의 형태로 재편되어야 할 것으로 보임. 각 군지역마다 몇 개의 노인공동주거로 묶고 이들 공동주거가 연결되고 그 중심에 병원, 재가서비스 시스템이 유기적으로 연결되는 형태가 바람직해 보임."

"도시의 경우, 호스피스를 포함하여 의료 지원이나 건강 및 요양 관련 서비스가 얼마나 잘 준비되어 있고 활용 가능한지(비용 및 접근성)가 중요해 보입니다. 또한 자원에 접근할 수 있는 교통의 편리성이 중요할 것입니다. 농촌의 경우는, 이웃이 얼마나 사회·정서적 또는 실질적인/도구적인 자원으로써의 역할을 할 수 있는지에 따라서도 AIP에 영향을 미칠 것으로 판단됩니다."

나. 세대별 AIP의 모습에 대한 생각

세대별 노후의 생활 모습은 매우 상이할 것으로 기대된다. 현재 후기 노인세대와 전기 노인세대, 그리고 이제 막 노인세대로 진입을 시작하는 베이비부머세대는 급격한 시대 변화를 겪으면서 그 특성이 매우 상이하다. 현재 80세인 후기노인을 생각하면, 1937년 출생하여 일제강점기와 한국전쟁을 거치고, 급속한 산업화 시대를 거친 세대이다. 이 세대는 노부모를 직접 부양한 세대이며 본인의 노후를 준비하지 못하고 본인이 부모를 부양하였듯이 부양을 받을 것이라고 기대했을 것이다. 현재 65세인 전기 노인은 1952년 출생하여 산업화 시대를 거치며 부모세대 부양의 일부 책임을 두고 급격히 변화하는 세대를 거치며 앞 세대를 보며 노후 준비의 필요성을 인식하였을 세대이다. 이제 막 노인층으로 진입하는 베이비부머세대는 전기 노인에 비해 스스로의 노후준비 필요성을 인식하고, 자녀세대로부터의 노년기 부양을 기대하지 않는 세대일 것이다.

이와 같은 현 상태를 고려할 때 각 세대별 노후의 AIP를 실천하는 생활 모습은 다를 것이라고 생각이 되며, 이에 대한 전문가의 의견을 수렴하였다. 전문가들도 각 세대의 AIP 실천 모습은 차이가 있을 것으로 생각하며, 예상되는 모습을 묘사했다.

현 노인세대에 비해 향후 노인세대의 AIP 실천 모습의 가장 큰 특징으로 제시되는 것은 '다양성'이라고 할 수 있다. 현재 노인이 급격한 시대 변화를 겪으면서 노후에 대한 준비 부족이 있었다면, 전기노인/베이비부머세대는 다양한 주거 유형을 경험하고, 외부 서비스 이용에 대한 경험이 많고 본인의 노후에 대해 스스로 책임질 수밖에 없으며, 선택의 폭이 넓어진 상태일 것으로 예측한다.

"현 노인세대는 이주 경험이 적어서 AIP에 대해 더 강한 인식을 가지고 있을 것으로 판단됨."

"현재 노인세대가 AIP 개념을 더욱 협소하게 해당 거주공간으로 이해하는 경향이 높을 것 같습니다. 베이비붐세대가 이해하는 AIP 개념이 더욱 포괄적일 것 같습니다."

"베이비붐 세대는 다른 특성을 보일 것으로 봅니다. 기존 세대와는 달

리 은퇴시설에의 입주를 회피하거나 두려워하지 않습니다. 이들은 경제적 능력이 있고 학력이 높아서 AIP를 자신의 동네나 주거단지로 국한하지 않고 더 넓게 확대해 갈 것입니다."

"현재의 고연령대 노인들의 경우 살던 곳에서 익숙하게 살다가 건강이 악화되면 병원으로 들어가는 형태의 삶을 받아들일 수밖에 없는 상황이나, 이러한 생애말 거주 패턴에 대해 젊은 노인층이나 베이비부머들은 반감이 많고 대안을 모색하는 경향이 강함."

또한 향후 노인세대의 특성과 욕구가 변화할 것이며, 다양한 형태의 거주 형태로의 이동도 본인들의 선택지 중 하나일 것이다. 또한 기술의 발달로 시설이 아닌 재가에서 거주할 수 있는 가능성이 높아질 것에 대한 기대도 있는 것으로 나타났다.

"베이비부머세대는 은퇴 시점 또는 자녀를 출가시킨 시점부터 부부가 함께 노후를 보낼 곳, 혼자 되어 살 곳, 죽음을 맞이할 곳 등을 종합적으로 고려하여 노후를 설계함에 따라 AIP에 다양한 유형의 거주 형태나 시설들을 포함시키고 있습니다."

"현세대 노인은 스마트기기를 이용한 의료정보 시스템을 이용한 재가 건강관리가 어렵지만, 베이비부머세대는 다양한 스마트기기를 이용할 수 있으므로 기능장애가 있을지라도 혼자서 가정에서 생활할 수 있는 시간이 길어질 것으로 여겨집니다."

"반면 베이비부머세대는 의료나 케어와 관련된 서비스에 보다 익숙한 집단이므로 지역을 고집하지 않고 노후에 필요한 서비스를 받는 것이 용이한 지역으로 이주할 가능성이 높을 것 같습니다."

3. AIP 관점에서의 시설보호에 대한 전문가의 생각

전문가의 AIP에 대한 시각의 차이는 시설에 거주하는 것도 AIP의 맥락에서 볼 수 있을 것인가이다. 이에 대해 가장 큰 차이는 '시설'이라고 했을 때 전문가마다 갖고 있는 모습에 따라 시설거주와 AIP를 분리하거나 연속선상에서 이해하고 있음이 나타난다. 현재의 요양시설의 모습을 갖고 있을 경우 요양시설로 이주하는 것은 AIP 실천으로 볼 수 없으며, 반대의 개념이라고 생각하는 의견이 있다. 본래 AIP는 시설에 입소하지 않고 일반적인 주거지에서 생활하는 모습이기 때문에 시설입소는 AIP라고 보기 어렵다는 의견이다.

"AIP는 시설에 입소하지 않고 지역사회에 거주한다는 것이 중요한 포인트의 하나이고, 다른 하나는 본인이 살던 곳, 익숙한 곳에 계속 거주하는 것이 또 다른 포인트라고 생각합니다. 이런 점에서 자기가 살던 곳이 아닌 노인전용 단지로 옮기는 것도 엄밀한 의미에서 AIP는 아니라고 생각합니다."

"시설거주와 AIP는 현재로서 반대 개념에 가깝다고 생각됨. 그 이유는 시설의 개방성 수준과 시설 내 생활환경이 개인의 사생활이나 존엄성을 존중할 수 있는 수준에 이르지 못했기 때문임."

"우리나라에서 현재까지의 시설은 대부분 자신이 살던 지역과는 관계

없는 곳에 위치하고 있고, 대규모의 집단생활을 강요당하는 것이었으므로 대부분의 노인들이 시설거주에 대한 부정적인 인식을 가지고 있는 것이 현실입니다. 따라서 시설거주와 지역거주(AIP)를 서로 대별되는 개념으로 여기고 있는 것입니다."

반면 요양시설이라도 지역이라는 범위 내에 있다면 AIP라고 생각하는 의견도 상당수의 전문가가 제시하였다. 특히 향후 고령자에게 특화된 주택형태에 대한 기대, 현 노인시설의 변화가 이루어질 것이라는 가정하에 시설에서 거주하더라도 기존 관계를 계속적으로 유지한다면 광의의 AIP로 생각하는 것으로 나타났다.

"저는 당연히 시설거주도 지역사회 내에서 노인 개인이 생각하는 내 동네의 범위에 들어간다면 AIP를 위한 주거대안이 된다고 봅니다. 특히 베이비붐세대는 필요서비스를 제공해 주는 노인주거시설(노인주택)에 들어가는 것에 대한 가능성을 염두에 두고 있다고 봅니다."

"시간적 차원, 공간적 차원, 관계적 차원 및 AIP의 구성요소들을 갖추고 있다면 시설에서도 얼마든지 AIP를 구현할 수 있다고 본다."

"CCRC의 개념과 연속선상에 있다고 생각, 해당 거주지에서만 살아야 AIP라거나 시설거주의 반대 개념으로 간주하는 것에는 동의하지 않음."

시설거주도 이용자의 권리가 보장되고 일정 부분 자율성이 있으며 본인이 안정감, 익숙함을 느낀다면 AIP가 실현된 것으로 보아야 할 것이라는 의견이 제시되었다. 즉, AIP를 물리적인 시간과 공간 차원 외에 앞서 살펴본 것과 같이 자율성이라는 차원을 강조한 의견이다.

"시설거주 자체가 AIP와 반대되는 개념이기보다, 거주하는 노인이 자발적으로 선택하여 일상생활에서의 자율성과 독립성이 보장되는 주거시설이라면 그것 또한 AIP라고 생각합니다."

제3절 노인과 전문가의 AIP 인식 차이

AIP는 노후 생활의 이상적 모습으로 노인과 전문가 모두가 생각하고 있으나 이상적인 모습과 현실적인 모습은 차이를 보이고 있었다. 또한 노인의 특성별 차이를 보이며 특히 지역별 차이와 개인의 가구 형태 등에 따라 다른 차이를 보이고 있다.

좁은 의미에서의 AIP는 "노인 본인이 선택한 요양시설이 아닌 주거지(집)에서 친숙한 사람들과 계속적인 만남을 가지고 죽을 때까지 사는 것"으로 노인과 전문가 모두 희망하는 모습으로 해석된다. 하지만 사회가 이러한 엄격한 기준을 충족할 수 없다는 현실적 인지에 따라 노인과 전문가는 현실과의 타협을 통한 AIP의 개념을 조정하고 있다. 즉, "노인 본인이 선택한 거주지(이것이 집이든 시설이든)에서 친숙한 사람들과 계속적인 만남을 가지고 살 수 있는 한 오래 사는 것"으로 생각하고 있다.

AIP의 이상적인 모습은 노인이 사망 시까지 익숙한 집에서 친구, 이웃, 가족 등과 친숙한 관계를 계속 유지하면서 살아가는 것으로 생각하고 있다. 이는 노인과 전문가 모두 희망하는 이상적인 AIP의 모습이다.

하지만 현실적으로 노인의 건강이 나빠져 타인의 도움이 필요한 시점에서는 AIP를 기대하기 어렵거나, 이를 목표로 하는 것이 적합하지 않다는 노인과 전문가의 합의가 이루어진다.

AIP는 모든 노인이 도달하는 것, 바라고 있는 것으로 제시되고 있다. 하지만 모든 노인이 본인이 거주하던 곳에서 계속 살기를 희망하고 있지는 않으며 대안적 주거변경을 자발적으로 희망하는 모습을 볼 수 있다. 과거의 전통적인 사고방식에서 벗어나 변화하는 가구 형태와 자녀관계 등을 고려하는 것이다.

또한 도시형 주거 형태를 경험하고, 또한 이주 경험이 잦은 노인의 경우 지역과의 관계가 많지 않음으로 인해 노인이 되어도 이사에 대한 반감은 크지 않은 모습을 보인다. 즉, '어디에 살든 크게 다르지 않을 것 같다.'는 생각을 하는 것이다.

노인인구의 규모가 커지면서 노인인구 내에서도 거주하는 지역, 가구 형태, 개인적 선호 등에 따라 노후 거주환경을 달리 생각하고 있으며, 반드시 현재 집에 사는 것에 국한하지 않은 다양한 주거 형태를 생각하고 있었다. 또한 도시지역의 노인이 농촌지역에 비해 주거 변화에 대해 긍정적으로 받아들이는 것으로 나타났다. 전문가 조사에서는 요양시설의 모습이 아닌 주택시설로서의 대안 모색에 대한 내용들이 더욱 구체적으로 제시되었다.

AIP의 엄격한 기준 또는 현실과의 타협된 기준에서는 앞에서 언급한 것과 같이 노인 개인의 자원, 중요시하는 타자(significant others), 현재 거주지에 대한 애착 등에 따라 개인이 허용하는 AIP의 개념은 차이가 있을 것이다.

지금까지 검토한 연구결과에서 나타난 AIP의 개념과 노인과 전문가 관점에서 보는 AIP 개념의 핵심은 요양시설이 아닌 일반 거주지로 이는 AIP의 매우 필수적 요소로 보인다. 이는 현재 우리나라의 요양시설의 서비스 제공 형태가 노인의 개별성과 자율성을 보장하는 것에 한계를 갖고 있음으로 인해 더욱 부각되는 것으로 판단된다. 가능한 한 오래 집이라는 형태에서 살기를 희망하고 있으며, 이를 저해하는 가장 큰 요인은 건강요인으로 볼 수 있다. 또한 이를 저해하는 간접적인 요인은 혼자 또는 노부부만이 일상생활을 할 수 없는 상황을 극복할 수 있는 서비스가 제공되지 못한다는 점이다. 즉, 노인의 지역사회 계속 거주를 위한 초점은 노인의 건강이 악화되었을 때 이를 보완할 수 있는 서비스 체계 구축이라는 결론에 이른다.

제5장 AIP 관점에서의 노인생활 실태 및 노인장기요양 진단

제1절 노인 및 장기요양인정자의 주거와 재가보호 실태
제2절 노인장기요양 및 기타 제도의 AIP 저해요인 분석

AIP 관점에서의 노인생활 실태 및 노인장기요양 진단

제1절 노인 및 장기요양인정자의 주거와 재가보호 실태

 2008년 노인장기요양보험 제도가 도입된 이후 요양을 필요로 하는 노인의 생활 모습은 변화하고 있다. 제도가 도입되기 이전까지는 노인 돌봄은 자녀와 배우자를 중심으로 한 가족이 수발하는 경우가 대부분이었다. 노인장기요양보험제도가 도입되기 이전 노인 요양서비스는 빈곤층을 중심으로 한 시설중심 서비스 체계로 주로 무료 또는 실비로 운영되는 노인요양시설이 대부분을 차지하였으므로 중산층 이상에서 이용할 수 있는 서비스는 매우 부족한 상태였다.

 노인장기요양보험제도가 도입된 이후부터 요양을 필요로 하는 노인 수발의 모습은 크게 변화하고 있다. 앞서 노인을 대상으로 한 인터뷰에서처럼 '요양원'은 가기는 싫지만 가야만 하는 곳으로 인식이 변화되고 있음을 볼 수 있다. 지금의 요양원의 모습은 노인이 희망하지는 않는 모습이지만 다른 대안이 없어 시설을 이용하는 형태로 이루어지고 있다.

1. 노인의 주택 및 주거환경 현황

 노인이 지역사회에서 계속 거주하기 위해서는 돌봄 이외의 주택과 주변 환경은 매우 중요하다. WHO에서도 노인의 AIP를 위해서는 고령친화적 환경 조성의 중요성을 강조한 바 있다.

가. 노인의 주택 현황

노인이 거주하는 주택의 점유 형태를 분석한 결과, 노인의 69.1%는 자신이 소유한 집에서 거주하고 있으며 11.4%는 월세, 8.4%는 전세에 살고 있는 것으로 나타났다.

여성보다 남성 노인의 자가 비율이 높으며, 월세와 무상 비율은 여성 노인이 남성보다 높게 나타났다. 연령대가 높아질수록 자가 비율은 낮아지는 반면 무상 비율이 높아지는 경향이 발견되며, 교육수준이 높을수록 자가 비율은 높아지고 무상 비율은 낮아지는 것을 볼 수 있다.

노인부부가구와 자녀동거가구의 자가 비율이 77.7%와 75.0%로 높은 반면 독거노인의 경우 자가 비율이 46.8%, 무상 23.5%, 월세 18.4% 등으로 주거 불안정성이 높은 것으로 나타났다. 가구소득이 높을수록 주거 안정성이 높으며, 읍면부에 거주하는 노인이 도시에 거주하는 노인에 비해 자가 비율과 무상 비율이 높은 것으로 분석되었다.

〈표 5-1〉 노인의 일반적 특성에 따른 주택 점유 형태

(단위: %, 명)

구분		자가	전세	월세	무상	계	x^2
전체		69.1	8.4	11.4	11.0	100.0(10,279)	
성별	남자	75.3	7.5	9.9	7.2	100.0(4,292)	159.909 ***
	여자	64.7	9.1	12.5	13.7	100.0(5,986)	
연령	65-69세	73.9	8.1	12.0	6.0	100.0(3,304)	338.229 ***
	70-74세	71.1	8.4	12.0	8.5	100.0(2,808)	
	75-79세	68.0	9.3	10.0	12.7	100.0(2,120)	
	80-84세	62.8	9.3	9.9	18.1	100.0(1,284)	
	85세 이상	55.2	6.7	13.7	24.3	100.0(764)	
교육수준	무학	61.7	8.9	12.9	16.4	100.0(3,106)	213.290 ***
	초졸	70.6	8.0	10.7	10.7	100.0(3,304)	
	중졸	75.5	9.4	9.7	5.3	100.0(1,347)	
	고졸	70.9	8.6	12.3	8.2	100.0(1,717)	
	전문대졸 이상	77.4	6.6	9.6	6.5	100.0(804)	

구분		자가	전세	월세	무상	계	χ^2
가구 형태	노인독거	46.8	11.3	18.4	23.5	100.0(2,390)	945.910 ***
	노인부부	77.7	6.6	7.3	8.4	100.0(4,594)	
	자녀동거	75.0	9.2	11.3	4.5	100.0(2,880)	
	기타	62.7	8.0	18.2	11.1	100.0(413)	
가구 소득	제1오분위	48.2	12.5	17.6	21.6	100.0(2,075)	823.960 ***
	제2오분위	64.8	8.2	12.7	14.2	100.0(2,051)	
	제3오분위	71.5	7.5	11.9	9.1	100.0(2,041)	
	제4오분위	76.9	6.8	9.8	6.5	100.0(2,047)	
	제5오분위	84.8	6.9	9.8	6.5	100.0(2,037)	
지역	동부	66.7	9.9	14.0	9.4	100.0(7,862)	379.942 ***
	읍면부	77.0	3.6	3.2	16.1	100.0(2,416)	

자료: 정경희 등. (2015). 2014년 노인실태조사. 원자료 분석.

노인가구주와 비노인가구주 간의 주택 점유 형태를 비교해 보면, 노인가구주의 경우 자가 비율이 71.5%로 비노인가구주 자가 비율 54.3%보다 월등히 높은 것을 볼 수 있다. 비노인가구주의 주택 점유 형태는 노인가구주에 비해 전세와 월세 비율이 높게 나타났다.

〈표 5-2〉 노인세대와 비노인세대의 주택 점유 형태

(단위: %, 명)

구분	자가	전세	월세[1]	무상	기타[2]	계
전체	60.0	17.4	17.6	4.3	0.7	100.0(20,205)
65세 미만	54.3	20.9	20.5	3.4	0.8	100.0(6,617)
65세 이상	71.5	10.1	11.6	6.3	0.5	100.0(13,588)

주: 1) 보증금 있는 월세, 보증금 없는 월세 포함.
  2) 사글세, 연세, 일세.
자료: 국토교통부. (2014). 2014년도 주거실태조사. 국토교통부.

2014년 기준 65세 이상 노인의 51.8%는 단독주택에 거주하고 있으며, 아파트 거주 노인은 34.8%, 연립 및 다세대주택 거주는 11.7%로 나타났다. 연령대가 높을수록 단독주택 거주 비율이 높고, 연령대가 낮을수록 아파트 거주 비율이 높은 것을 볼 수 있다. 이와 함께 교육수준과 관련하여 교육수준이 낮을수록 단독주택과 연립 및 다세대주택 거주 비율이 높은 반면, 교육수준이 높을수록 아파트 거주 비율이 높아지는 것으로 나타났다.

단독주택에서 생활하는 독거노인과 노인부부가구 비율은 각각 59.1%와 54.2%에 이르며, 자녀동거가구의 아파트 거주 비율(43.8%)이 높은 것으로 나타났으며, 소득수준이 높을수록 아파트 거주 비율이 높고 단독주택 거주 비율은 낮아지는 경향을 발견할 수 있다.

읍면부에 거주하는 노인의 76.6%는 단독주택에 거주하는 반면, 동부에 거주하는 노인의 주택 유형은 단독주택 44.1%, 아파트 40.4%, 연립 및 다세대주택 13.8% 등으로 동부 지역에 거주하는 노인의 주택 유형이 읍·면·동 거주 노인에 비해 다양한 것을 볼 수 있다.

〈표 5-3〉 노인의 일반적 특성에 따른 주택 유형

(단위: %, 명)

구분		단독주택	아파트	연립/다세대주택	기타	계	x^2
전체		51.8	34.8	11.7	1.8	100.0(10,279)	-
성별	남자	50.7	35.9	11.4	2.1	100.0(4,292)	7.595
	여자	52.6	34.0	11.8	1.6	100.0(5,986)	
연령	65-69세	46.5	39.2	12.0	2.2	100.0(3,303)	76.562***
	70-74세	53.1	33.1	12.0	1.9	100.0(2,810)	
	75-79세	54.0	31.0	12.5	1.6	100.0(2,121)	
	80-84세	53.5	34.4	10.6	1.5	100.0(1,285)	
	85세 이상	57.9	32.6	8.3	1.2	100.0(763)	
교육수준	무학	64.3	22.4	12.4	1.0	100.0(3,107)	744.695***
	초졸	55.2	31.0	11.6	2.2	100.0(3,303)	
	중졸	47.4	37.5	12.9	2.2	100.0(1,347)	
	고졸	38.1	48.8	11.2	1.8	100.0(1,717)	
	전문대졸 이상	26.2	63.4	7.7	2.7	100.0(805)	
가구형태	노인독거	59.1	27.4	12.1	1.3	100.0(2,390)	217.676***
	노인부부	54.2	32.8	10.6	2.4	100.0(4,594)	
	자녀동거	42.2	43.8	12.8	1.2	100.0(2,882)	
	기타	49.5	35.5	13.3	1.7	100.0(414)	

구분		단독주택	아파트	연립/다세대주택	기타	계	χ^2
가구소득	제1오분위	63.5	21.8	13.9	0.8	100.0(2,076)	507.389***
	제2오분위	57.8	28.0	13.2	1.0	100.0(2,050)	
	제3오분위	53.4	33.9	10.6	2.1	100.0(2,041)	
	제4오분위	46.0	39.9	12.0	2.1	100.0(2,057)	
	제5오분위	38.2	50.0	8.7	3.1	100.0(2,039)	
지역	동부	44.1	40.4	13.8	1.7	100.0(7,862)	821.494***
	읍면부	76.6	16.3	4.7	1.8	100.0(2,417)	

자료: 정경희 등. (2015). 2014년 노인실태조사. 원자료 분석.

노인세대와 비노인세대 간의 주택 유형의 차이는 일반단독주택과 아파트 거주 비율에서 나타난다. 65세 이상 노인가구주가 거주하고 있는 주택 유형은 일반단독주택이 38.1%, 아파트 33.3%인 반면 비노인가구주가 거주하고 있는 주택 유형은 아파트 54.6%, 다가구단독주택 13.0%, 일반단독주택 11.8%로 분석되었다.[11] 즉, 노인가구주의 경우 비노인가구주에 비해 아파트 거주 비율은 낮고, 일반단독주택 거주 비율이 높은 것을 볼 수 있다.

〈표 5-4〉 노인가구주와 비노인가구주의 주택 유형

(단위: %, 명)

구분	일반단독주택	다가구단독주택	영업겸용단독주택	아파트	연립주택	다세대주택	기타	계
전체	20.4	13.2	1.4	47.6	5.8	9.5	2.1	100.0(20,205)
65세 미만	11.8	13.0	1.4	54.6	5.8	10.8	2.6	100.0(6,617)
65세 이상	38.1	13.6	1.3	33.3	5.9	6.6	1.2	100.0(13,588)

자료: 국토교통부. (2014). 2014년도 주거실태조사. 국토교통부.

노인들의 주거 위치가 지하, 반지하, 지상, 또는 옥탑인지 분석하였다. 전체 노인의 96.5%는 지상에 위치한 주거공간에 거주하고 있었으며 반지하 2.5%, 지하 0.6%, 옥탑 0.0%로 나타났다. 85세 이상 노인의 경우

---

11) 주거실태조사는 노인실태조사와는 달리 가구주를 대상으로 조사를 실시하여 해석상의 주의가 요구됨.

반지하에 거주하는 비율이 3.3%로 다른 연령대에 비해 높았으며, 무학, 초졸, 그리고 고졸 집단에서 지하 및 반지하 거주 비율이 3.0%를 상회하였다. 가구 형태와 관련해서는 노인독거가구에서 반지하(4.2%) 및 지하(1.0%)에 거주하는 비율이 상대적으로 높았으며, 소득수준이 제1오분위에 속한 노인의 반지하(5.2%) 및 지하(1.3%) 거주 비율도 월등히 높게 나타났다. 거주지역에서는 동부 거주노인이 읍면부 거주노인에 비해 지하 및 반지하 거주율이 높았다.

〈표 5-5〉 노인의 일반적 특성에 따른 주거 위치

(단위: %, 명)

구분		지하	반지하	지상	옥탑	계	x^2
전체		0.6	2.5	96.5	0.0	100.0(10,278)	-
성별	남자	0.7	2.4	96.9	0.0	100.0(4,292)	.968
	여자	0.6	2.5	96.8	0.0	100.0(5,986)	
연령	65-69세	0.8	2.5	96.7	0.1	100.0(3,304)	5.696
	70-74세	0.5	2.5	97.0	0.1	100.0(2,808)	
	75-79세	0.7	2.3	97.0	0.0	100.0(2,120)	
	80-84세	0.8	2.5	96.7	0.0	100.0(1,284)	
	85세 이상	0.5	3.3	96.2	0.0	100.0(764)	
교육 수준	무학	0.9	3.0	96.0	0.1	100.0(3,106)	25.605*
	초졸	0.5	2.6	96.9	0.0	100.0(3,304)	
	중졸	0.7	1.7	97.6	0.0	100.0(1,347)	
	고졸	0.3	2.8	96.8	0.1	100.0(1,717)	
	전문대졸 이상	0.7	0.9	98.4	0.0	100.0(804)	
가구 형태	노인독거	1.0	4.2	94.7	0.1	100.0(2,390)	47.721***
	노인부부	0.5	2.0	97.6	0.0	100.0(4,594)	
	자녀동거	0.7	1.9	97.4	0.0	100.0(2,880)	
	기타	0.7	1.9	97.3	0.0	100.0(413)	
가구 소득	제1오분위	1.3	5.2	93.5	0.1	100.0(2,075)	109.139***
	제2오분위	0.3	1.9	97.8	0.0	100.0(2,051)	
	제3오분위	0.6	2.4	97.0	0.0	100.0(2,041)	
	제4오분위	0.6	2.1	97.3	0.0	100.0(2,047)	
	제5오분위	0.5	0.8	98.7	0.0	100.0(2,037)	
지역	동부	0.8	3.2	95.9	0.1	100.0(7,862)	93.089
	읍면부	0.1	0.1	96.8	0.0	100.0(2,416)	

자료: 정경희 등. (2015). 2014년 노인실태조사. 원자료 분석.

20년 이상 된 노후주택에 거주하고 있는 노인 가구주는 50%에 가까운 반면, 비노인세대의 경우 건축한 지 20년 미만인 주택에 거주하는 비율이 50%를 상회하는 것으로 나타나 노인세대가 비노인세대에 비해 노후주택에 거주하는 비율이 높은 것으로 해석할 수 있다.

〈표 5-6〉 주택 건축 연도

(단위: %, 명)

구분	10년 미만	10-20년 미만	20-30년 미만	30년 이상	잘 모르겠음	계
전체	18.9	28.1	18.3	14.0	20.6	100.0(20,205)
65세 미만 가구주	23.4	30.1	17.1	7.8	21.6	100.0(6,617)
65세 이상 가구주	9.7	24.0	20.9	26.8	18.6	100.0(13,588)

자료: 국토교통부. (2014). 2014년도 주거실태조사. 국토교통부.

노인이 거주하는 주거환경이 노인이 생활하기에 편리한지를 조사원들이 판단한 결과를 보면, 노인을 배려한 설비를 갖춘 주거 비율은 4.6%에 불과하였으며, 노인이 생활하기에 불편한 구조는 17.4%에 이르는 것으로 나타났다.

〈표 5-7〉 노인 주거공간의 편리성

(단위: 명, %)

구분	빈도	백분율
계	10,278	100.0
생활하기 불편한 구조	1,785	17.4
생활하기 불편한 구조는 아니지만, 노인을 배려한 시설은 없음	8,021	78.0
노인을 배려한 설비를 갖춤	472	4.6

자료: 정경희 등. (2015). 2014년 노인실태조사. 원자료 분석.

연령대별 불편한 주택 공간이 있는지를 살펴본 결과, 전체 노인의 55.0%가 불편한 공간이 없다고 응답하였다. 그러나 연령대가 높아질수록 주택 내 불편함을 경험하는 비율이 높아져 85세 이상 노인의 경우 주택 내 불편한 공간이 있다고 응답한 비율이 60%에 가까운 것을 볼 수 있다. 불편한 주택 공간을 상위 3가지까지 제시하면, 계단 15.3%, 화장실과 욕실 12.5%, 문턱 9.1% 순으로 나타났으며, 연령대가 높아질수록 불편도도 증가하였다.

〈표 5-8〉 연령대별 불편한 주택공간 3순위

(단위: 명, %)

구분	없음	계단	화장실 및 욕실	문턱
전체	55.0	15.3	12.5	9.1
65-69세	62.1	13.9	9.1	6.2
70-74세	55.7	15.0	12.2	8.5
75-79세	51.2	16.3	13.9	11.5
80-84세	50.5	15.3	14.9	10.4
85세 이상	39.5	19.1	20.2	14.9

자료: 정경희 등. (2015). 2014년 노인실태조사. 원자료 분석.

나. 지역사회 현황

노인이 거주하고 있는 집과 상점, 의료기관, 읍·면·동사무소 등 지역사회 주요 시설이나 장소와의 거리를 분석하였다. 노인들은 주로 상점이나 대중교통과 가까운 거리에 거주하고 있는 것으로 나타났으며, 노인복지기관이나 지역복지기관과의 접근성은 매우 낮았다. 상점과 도보로 5분 미만인 위치에 거주하고 있는 노인은 28.6%, 5~10분 미만은 38.6%였으며, 버스정류장이나 지하철역과의 거리는 5분 미만 27.3%, 5~10분 미만 47.7%로 나타났다. 의료기관과 읍·면·동 사무소와의 거리가 도보로 10분 미만인 비율은 30% 안팎이었으며, 노인복지기관이나 지역복지기관과의 거리는 도보로 30분 이상이 각각 65.0%와 71.9%에 이르는 것으로 나타났다.

〈표 5-9〉 노인의 집과 주요 지역사회 환경과의 접근성

(단위: %, 점)

구분	5분 미만	5-10분 미만	10-30분 미만	30분 이상	계	평균[1]	표준편차
상점	28.6	38.6	17.2	15.6	100.0	2.20	1.021
의료기관	5.8	27.1	35.7	31.4	100.0	2.93	.901
읍·면·동사무소	6.8	22.5	39.2	31.5	100.0	2.95	.900
노인복지기관	2.6	8.8	23.6	65.0	100.0	3.51	.762
지역복지기관	1.8	6.0	20.3	71.9	100.0	3.62	.681
버스,지하철역	27.3	47.7	20.3	4.7	100.0	2.02	.814

주: 1) 4점 리커트 척도(1=5분 미만, 2=5~10분 미만, 3=10~30분 미만, 4=30분 이상).
    2) 분석 사례 수는 10,281명임.
자료: 정경희 등. (2015). 2014년 노인실태조사. 원자료 분석.

노인이 외출 시 주로 이용하는 교통수단은 버스 48.8%, 지하철 21.5%, 자가용 19.5%, 택시 6.0% 등의 순이었다. 70~84세는 버스 이용률이 상대적으로 높으며, 택시 이용률은 80세 이상 연령 집단에서 높았으며, 65~69세 및 85세 이상 집단에서 자가용 이용률이 높게 나타났다. 이는 80세 이상이 되면 버스나 지하철과 같은 대중교통을 이용하는 데 제약이 따르게 되어 택시나 자가용과 같은 개별적인 교통수단을 이용하게 된다고 볼 수 있다. 지역별로는 동부 지역에 사는 노인은 주로 버스(44.9%)나 지하철(27.6%)을 이용하고 있으며, 읍·면·동 거주 노인은 버스(61.5%)와 자가용(24.0%) 이용률이 높은 것으로 나타났다.

〈표 5-10〉 외출 시 주로 이용하는 교통수단

(단위: 명, %)

구분	버스	지하철	택시	자가용	기타[1]	계
전체	48.8	21.5	6.0	19.5	4.3	100.0(10,287)
연령대						
65-69세	43.8	23.8	2.1	25.8	4.5	100.0(3,304)
70-74세	50.2	25.4	3.5	16.4	4.5	100.0(2,808)
75-79세	56.1	20.8	6.7	12.0	4.4	100.0(2,120)
80-84세	51.7	16.1	12.5	16.8	2.9	100.0(1,284)
85세 이상	39.7	8.8	18.8	28.8	3.9	100.0(764)
지역						
동부	44.9	27.6	6.2	18.1	3.2	100.0(7,862)
읍면부	61.5	1.8	5.3	24.0	7.4	100.0(2.416)

주: 1) 자전거, 오토바이 등.
자료: 정경희 등. (2015). 2014년 노인실태조사. 원자료 분석.

　　노인들이 외출하는 데 있어 불편한 사항으로는 없음이 29.3%, 계단이나 경사로 34.1%, 버스나 전철 이용 12.1%, 교통수단 부족 8.7% 등으로 나타났다. 연령대가 높아질수록 외출 시 불편한 점이 늘어나는 것을 볼 수 있으며, 특히 계단이나 경사로에 대한 불편도가 증가하는 것으로 분석되었다. 동부 거주 노인의 경우, 계단이나 경사로가 외출에 장애가 되는 비율이 높은 반면 읍·면부 거주 노인은 교통수단 부족이 외출에 장애가 되는 것으로 나타났다.

〈표 5-11〉 외출 시 불편 사항

(단위: 명, %)

구분	없음	버스, 전철 이용	계단, 경사로	교통수단 부족	기타[1]	계
전체	29.3	12.1	34.1	8.7	15.8	100.0(10,287)
연령대						
65-69세	41.5	6.8	27.2	7.8	16.7	100.0(3,304)
70-74세	29.4	12.0	33.7	9.0	15.9	100.0(2,808)
75-79세	20.9	15.5	38.3	9.8	15.5	100.0(2,120)
80-84세	16.5	19.3	40.6	9.3	14.3	100.0(1,284)
85세 이상	20.8	14.1	42.9	7.3	14.9	100.0(764)
지역						
동부	30.3	10.9	37.6	4.8	16.4	100.0(7,862)
읍면부	26.0	16.0	22.5	21.3	14.2	100.0(2,416)

주: 1) 이동하기에 불편한 도로 상태, 노인을 배려하지 않은 교통 편의시설, 차량이 많아 다니기 위험함.
자료: 정경희 등. (2015). 2014년 노인실태조사. 원자료 분석.

지역사회 내 부족하거나 이용하기 어려운 시설이나 장소는 대중교통 17.5%, 의료시설 17.4%, 생활시설 16.5%, 여가문화복지시설 15.4% 등의 순으로 나타났다. 반면, 부족하거나 이용하기 어려운 시설이나 장소가 '없다'고 응답한 비율은 20.2%로 나타났다. 연령대가 높아질수록 대중교통이나 의료시설 이용의 불편도에 대한 비율이 높았으며, 연령대가 낮을수록 여가문화복지시설의 부족이나 이용 어려움 비율이 높은 것을 볼 수 있다. 거주 지역별로는 읍면부 거주 노인이 동부 거주 노인에 비해 지역사회 불편도가 높게 나타났다. 읍면부 거주 노인이 동부 거주 노인에 비해 대중교통 이용(27.6%), 의료시설(25.2%), 생활시설(20.6%) 부족이나 이용 어려움이 높았다.

〈표 5-12〉 지역 내 부족하거나 이용하기 어려운 시설이나 장소

(단위: 명, %)

구분	없음	생활시설	대중교통	녹지공간	의료시설	여가문화복지시설	기타[1]	계
전체	20.2	16.5	17.5	11.6	17.4	15.4	1.4	100.0
연령대								
65-69세	21.4	17.7	15.8	12.8	13.3	17.2	1.8	100.0
70-74세	21.5	16.1	16.9	12.0	16.3	15.8	1.5	100.0
75-79세	19.1	15.8	18.8	11.4	19.9	13.7	1.3	100.0
80-84세	16.8	16.1	19.5	9.9	22.8	14.2	0.9	100.0
85세 이상	19.3	16.2	20.1	8.3	23.1	12.4	0.7	100.0
지역								
동부	22.0	15.3	14.4	14.2	15.0	17.6	1.7	100.0
읍면부	14.6	20.6	27.6	3.2	25.2	8.3	0.5	100.0

자료: 정경희 등. (2015). 2014년 노인실태조사. 원자료 분석.

가장 많이 이용하는 시설이나 장소를 기준으로 현재 살고 있는 주거환경에 대한 만족도는 노인가구주에 비해 비노인가구주가 높게 나타났다. 노인가구주의 경우, 주변 도로의 보행 안전이나 방범 상태에 대한 만족도가 다른 항목에 비해 높았으며, 문화시설이나 녹지공간 접근 용이성은 비노인가구주나 노인가구주 모두 만족도가 낮았다.

〈표 5-13〉 주거환경에 대한 만족도

(단위: 명, %)

구분	비노인 가구주(n=13,588)		노인 가구주(n=6,617)	
	평균	표준편차	평균	표준편차
시장, 대형마트, 백화점 등 접근용이성	2.95	.703	2.73	.794
의료시설 접근용이성	2.95	.709	2.73	.815
공공기관 접근용이성	2.95	.665	2.76	.766
문화시설, 녹지공간 접근용이성	2.87	.733	2.69	.784
대중교통 접근용이성	2.94	.727	2.78	.792
주변 도로의 보행안전	2.92	.642	2.90	.625
치안 및 범죄 등 방범 상태	2.92	.624	2.90	.612

주: 매우 불만족 =1 ~ 매우 만족=4
자료: 국토교통부. (2014). 2014년도 주거실태조사. 국토교통부.

전반적인 주택 만족도는 비노인가구주 2.94점, 노인가구주는 2.86점으로 비노인가구주의 주택 만족도가 높았다. 주거환경 만족도 역시 비노인가구주 2.88점, 노인가구주는 2.83점으로 비노인가구주가 높게 나타났다.

〈표 5-14〉 전반적인 주택 및 주거환경 만족도

(단위: 명, %)

구분	비노인 가구주(n=13,588)		노인 가구주 (n=6,617)	
	평균	표준편차	평균	표준편차
주택 만족도	2.94	.537	2.86	.574
주거환경 만족도	2.88	.554	2.83	.562

주: 매우 불만족 =1 ~ 매우 만족=4
자료: 국토교통부. (2014). 2014년도 주거실태조사. 국토교통부.

현재 거주하고 있는 주택을 개·보수한 적이 있는 경우는 51.1%로 '도배, 페인트, 바닥, 창, 문 교체 및 보수공사'가 54.8%로 절반 이상을 차지하였으며, '주방, 목욕탕, 화장실 보수공사' 15.1%, '지붕, 담장 교체 및 보수공사' 12.0% 등으로 나타났다.

〈표 5-15〉 현재 거주하고 있는 주택의 개·보수 경험 및 개·보수 부분

(단위: 명, %)

	구분	빈도	백분율
개·보수 경험	계	6,617	100.0
	있다	3,384	51.1
	없다	3,233	48.9
개·보수 부분	계	3,384	100.0
	도배, 페인트, 바닥, 창, 문 교체 및 보수공사	1,855	54.8
	주방, 목욕탕, 화장실 보수공사	511	15.1
	보일러 교체, 냉난방, 단열공사	405	12.0
	지붕, 담장 교체 및 보수공사	282	8.3
	대수선(방 확장, 거실 확장, 주방 확장 등)	189	5.6
	기타	142	4.2

자료: 국토교통부. (2014). 2014년도 주거실태조사. 국토교통부.

향후 2년 이내에 현재 거주하고 있는 주택의 개·보수가 필요하다고 응답한 노인가구주는 전체의 20.2%로 개·보수가 필요한 부분은 도배/페인트/바닥/창, 문 교체 등이 35.2%로 가장 많았으며 주방/목욕탕/화장실 보수공사가 20.9%, 보일러/냉난방/단열공사가 14.1%, 지붕/담장 교체 등이 13.1% 등으로 나타났다.

〈표 5-16〉 현재 거주하고 있는 주택의 개·보수 필요성 및 필요 부분

(단위: 명, %)

구분	빈도	백분율
계	2,195	100.0
개·보수 필요성		
필요하다	1,337	20.2
필요하지 않다	5,280	79.8
개·보수 필요 부분(중복 응답)		
도배, 페인트, 바닥, 창, 문 교체 및 보수공사	772	35.2
주방, 목욕탕, 화장실 보수공사	458	20.9
보일러 교체, 냉난방, 단열공사	309	14.1
지붕, 담장 교체 및 보수공사	287	13.1
전기, 누수공사	156	7.1
대수선(방 확장, 거실 확장, 주방 확장 등)	106	4.8
기타	107	4.8

자료: 국토교통부. (2014). 2014년도 주거실태조사. 국토교통부.

다. 건강상태와 주거 현황

노인의 건강상태와 주거 현황 분석에 앞서 신체적 기능상태에 따른 노인의 가구 형태를 살펴보았다. 기능제한이 없는 건강한 노인은 노인부부가구가 47.2%로 가장 높았으며, 다음으로 자녀동거가구 26.5%, 노인독거가구 22.1%로 나타났다. IADL 제한이 있는 노인의 경우, 자녀동거가구 36.3%와 독거노인가구의(32.1%) 비율이 높았으며, ADL 제한이 있는

노인은 자녀동거가구 36.0%, 노인부부가구 35.5%로 비율이 높게 나타났다.

〈표 5-17〉 신체적 기능상태에 따른 노인가구 형태

(단위: 명, %)

구분	기능제한 없음	IADL 제한	ADL 제한	계
전체	84.1(8,649)	10.1(1,040)	5.7(590)	100.0(10,279)
노인독거	22.1	32.1	24.0	23.2(4,595)
노인부부	47.2	28.9	35.5	44.7(4,595)
자녀동거	26.5	36.3	36.0	28.0(2,882)
기타	4.1	2.8	4.4	4.0(413)
계	100.0	100.0	100.0	100.0(10,279)

자료: 정경희 등. (2015). 2014년 노인실태조사. 원자료 분석.

신체적 기능상태에 따른 노인주택 유형을 살펴보면, IADL 제한이 있는 노인은 단독주택 거주율이 60.7%로 상대적으로 높은 반면 아파트 거주율은 26.4%로 낮은 수준이었다. ADL 제한을 가지고 있는 노인의 경우, 단독주택 거주율이 56.1%로 전체 평균보다는 높았으며, 아파트 거주율이 33.6%로 IADL 제한자에 비해 높게 나타났다.

거주공간의 편리성을 보면, ADL 제한 노인의 경우 생활하기 불편한 주택 거주율은 27.1%로 기능제한이 없거나 IADL 제한만 있는 노인에 비해 높은 수준이었다. 그러나 노인을 배려한 설비를 갖춘 주택 거주율은 6.1%로 낮은 수준이지만 기능제한이 없거나 IADL 제한만 있는 노인에 비해 상대적으로 높은 수준으로 나타났다. 즉, 지역사회에 거주하고 있는 ADL 제한 노인의 경우, 주거환경의 양극화가 나타나고 있음을 보여주고 있다.

주택 내 불편한 공간과 관련해서는 IADL 제한 노인은 계단 이용 어려움(20.6%)이 가장 높았으며, ADL 제한 노인은 화장실과 욕실 이용의 어려움(22.8%)이 높게 나타났다.

〈표 5-18〉 신체적 기능상태에 따른 주거환경

(단위: 명, %)

구분		기능제한 없음	IADL 제한	ADL 제한	계
전체		84.1 (8,649)	10.1 (1,040)	5.7 (590)	100.0 (10,279)
주택 유형	단독주택	50.4	60.7	56.1	51.8
	아파트	35.8	26.4	33.6	34.7
	연립/다세대	11.8	11.7	9.2	11.7
	기타	1.9	1.2	1.2	1.8
	계	100.0	100.0	100.0	100.0(10,279)
주거 공간 편리성	생활하기 불편한 구조	16.0	23.4	27.1	17.4
	생활하기 불편한 구조는 아니지만, 노인을 배려한 시설은 없음	79.5	72.8	66.8	78.1
	노인을 배려한 설비를 갖춤	4.6	3.8	6.1	4.6
	계	100.0	100.0	100.0	100.0(10,276)
주택내 불편한 공간 3순위	없음	58.4	37.7	34.9	55.0
	계단	14.6	20.6	16.1	15.3
	화장실 및 욕실	11.0	19.1	22.8	12.5
	문턱	8.0	12.4	19.6	9.1

자료: 정경희 등. (2015). 2014년 노인실태조사. 원자료 분석.

신체적 기능상태에 따른 주된 교통수단을 보면, ADL 제한 노인은 주로 자가용(33.8%)이나 택시(27.6%)를 이용하고 있었으며, 기능제한이 없거나 IADL 제한이 있는 노인은 버스 이용률이 높은 것으로 나타났다. 외출 시 불편 사항으로는 계단이나 경사로에 대한 불편함은 기능제한 여부에 관계없이 높게 나타났으며, 다음으로 버스나 지하철 이용에 대한 불편함이 높았다. 지역사회 내에서 부족하거나 이용하기 어려운 시설·장소로는 IADL 제한 노인과 ADL 제한 노인 모두 의료시설의 부족이나 이용 어려움을 가장 많이 응답하였으며, 다음으로 교통시설에 대한 불편함이 높은 것으로 나타났다.

<표 5-19> 신체적 기능상태에 따른 지역환경

(단위: 명, %)

구분		기능제한 없음	IADL 제한	ADL 제한	계
전체		84.1 (8,649)	10.1 (1,040)	5.7 (590)	100.0 (10,279)
주된 교통 수단	버스	50.4	48.4	25.2	48.8
	지하철	23.6	11.4	8.5	21.5
	택시	3.5	14.5	27.6	6.0
	자가용	18.1	22.6	33.8	19.5
	자전거, 오토바이, 기타	4.4	3.1	4.9	4.2
	계	100.0	100.0	100.0	100.0(10,278)
외출 시 불편 사항	없음	32.2	13.4	14.6	29.3
	버스, 지하철 이용	10.7	22.4	15.6	12.1
	계단, 경사로	32.6	38.8	47.3	34.1
	교통수단 부족	8.7	10.4	5.1	8.7
	도로 상태	4.3	4.1	6.6	4.4
	교통 편의시설	5.3	6.0	8.5	5.5
	차량이 많아 위험	6.1	5.0	2.4	5.8
	계	100.0	100.0	100.0	100.0(10,279)
부족 또는 이용 어려운 시설 이나 장소	없음	21.1	13.0	20.1	20.2
	편의시설	16.7	18.3	10.6	16.5
	대중교통	17.0	22.1	16.9	17.5
	녹지공간	11.9	10.6	8.9	11.6
	의료시설	15.6	25.1	30.5	17.4
	문화여가, 복지시설	16.2	10.5	11.6	15.4
	기타	1.5	0.4	1.5	1.4
	계	100.0	100.0	100.0	100.0(10,274)

자료: 정경희 등. (2015). 2014년 노인실태조사. 원자료 분석.

라. 노년기 주거환경 욕구

향후 다른 주택으로 이사할 계획이 있다고 응답한 노인가구주 비율은 4.9%로 노년기 주거 이동에 대한 계획은 크지 않은 것으로 나타났다. 향후 이사 계획이 있는 노인 중 2년 이내 이사 계획이 있는 응답자는 48.6%였으며, 2~5년 이내는 33.8%로 나타났다.

〈표 5-20〉 노인가구주의 향후 이사 계획 여부 및 시점

(단위: 명, %)

이사 계획 여부	빈도	백분율	이사 시점	빈도	백분율
이사 계획 있음	325	4.9	2년 미만	158	48.6
이사 계획 없음	5,796	87.5	2~5년	110	33.8
잘 모르겠음	496	7.5	5년 초과	57	17.5
계	6,617	100.0	계	325	100.0

자료: 국토교통부. (2014). 2014년도 주거실태조사. 국토교통부.

향후 이사 계획이 있는 노인가구주의 특성은 연령이 상대적으로 적으며(평균 71.7세), 가구원 수가 2.14명이며, 고졸 이상인 비율이 높은 것으로 나타났다. 현재 아파트, 다가구단독가구, 연립주택, 다세대주택에 거주하고 있는 노인이 향후 이사할 계획이 높은 반면, 현재 일반 단독가구에 거주하고 있는 노인의 이사 계획 비율은 낮았다. 또한 현재 전세나 월세에 있는 가구의 이사 계획 비율이 높은 것으로 나타났다.

〈표 5-21〉 이사 의향이 있는 노인가구주의 일반적 특성

(단위: 명, %)

구분	계획 있음	계획 없음	모르겠음	전체
평균연령	71.7	74.3	73.3	74.1
평균 동거 가구원 수	2.14	1.99	2.10	2.00
교육수준				
초졸 이하	31.7	54.4	41.5	52.3
중졸	23.7	19.2	26.6	20.0
고졸	23.1	18.2	21.4	18.6
대졸 이상	21.5	8.2	10.5	9.0
계	100.0	100.0	100.0	100.0
현재 주택 유형				
일반단독	15.7	40.5	24.6	38.1
다가구단독	19.4	12.9	17.3	13.6
아파트	43.4	32.7	33.9	33.3
연립주택	8.9	5.3	10.1	5.9
다세대주택	9.5	6.1	11.1	6.6
기타	3.1	2.5	3.0	2.5
계	100.0	100.0	100.0	100.0
현재 주택 소유 형태				
자가	48.9	74.3	53.6	71.5
전세	31.7	8.0	20.2	10.1
월세	15.7	10.5	20.9	11.6
사글세 또는 연세	0.3	0.6	0.8	0.6
무상	3.4	6.6	4.4	6.3
계	100.0	100.0	100.0	100.0

자료: 국토교통부. (2014). 2014년도 주거실태조사. 국토교통부.

앞으로 이사를 계획하고 있는 이유를 두 가지씩 중복 응답한 결과, 전반적으로 '보다 나은 환경으로의 이주 목적'이 가장 큰 요인으로 나타났다. '보다 나은 지역환경이나 주택'으로 이사하려는 응답자 비율이 37.2%로 가장 높았으며, '주택 규모의 변경(감소 또는 증가)'을 위한 이사 목적이 13.6%, 계약 만기 9.0%, 집세 부담 6.5% 등이 이사 동기로 나타났다.

<표 5-22> 향후 이사 계획 이유(중복 응답)

(단위: 명, %)

구분	빈도	백분율
쾌적하고 양호한 지역환경으로 가기 위해서	81	15.1
시설이나 설비가 더 양호한 집으로 이사하려고	78	14.6
계약 만기로 인해서	48	9.0
교통이 편리하고 입지가 좋은 지역으로 가기 위해서	40	7.5
주택 규모를 줄이려고	39	7.3
집값 혹은 집세가 부담스러워서	35	6.5
주택 규모를 늘리려고	34	6.3

자료: 국토교통부. (2014). 2014년도 주거실태조사. 국토교통부.

향후 이사하고자 하는 주택의 평수는 20평 미만이 29.1%로 가장 높은 비율을 차지하였으며, 21~25평 23.5%, 26~33평 이하 20.9% 등 전반적으로 33평 이하 규모를 선호하고 있는 것을 볼 수 있다.

<표 5-23> 향후 이사하고자 하는 주택의 규모(평수 기준)

(단위: 명, %)

구분	빈도	백분율
20평 미만	78	29.1
20평	46	17.2
21~25평 이하	63	23.5
26~33평 이하	56	20.9
33평 이상	25	9.3
계	268	100.0

자료: 국토교통부. (2014). 2014년도 주거실태조사. 국토교통부.

이사하고자 하는 주택의 방 수는 3개가 53.7%로 가장 많았으며, 2개 37.3%, 1개 5.6% 등으로 거실과 부엌을 제외하고 2~3개 정도의 방을 선호하는 것을 볼 수 있다. 또한 향후 이사하고자 하는 주택의 소유 형태는 자가 51.9%, 전세 33.6%, 월세 10.8%, 무상 3.7%로 나타났다.

〈표 5-24〉 향후 이사하고자 하는 주택의 방 수 및 소유 형태

(단위: 명, %)

구분		빈도	백분율
방의 개수 (거실, 부엌 제외)	1개	15	5.6
	2개	100	37.3
	3개	144	53.7
	4개	9	3.4
	계	268	100.0
주택의 소유 형태	자가	139	51.9
	전세	90	33.6
	월세	29	10.8
	무상이나 기타	10	3.7
	계	268	100.0

자료: 국토교통부. (2014). 2014년도 주거실태조사. 국토교통부.

노인가구주가 선호하는 향후 생활양식은 도시적 생활 47.6%, 전원생활 47.6%로 동일한 수준으로 나타났다.

〈표 5-25〉 노인가구주의 향후 살고 싶은 생활양식

(단위: 명, %)

구분	빈도	백분율
도시적 생활	3,147	47.6
전원생활	3,147	47.6
잘 모르겠음	342	5.2
계	6,617	100.0

자료: 국토교통부. (2014). 2014년도 주거실태조사. 국토교통부.

노후를 보내고 싶은 지역과 주거 형태에 대해 예비 노인과 현재 노인을 비교 분석하였다. 노후를 보내고 싶은 지역으로는 55~64세 예비 노인은 농어촌 지역 35.8%, 중소도시 33.0%, 대도시 지역 23.3%로 나타났으며, 현재 노인은 농어촌지역 48.0%, 중소도시 26.1%, 대도시 19.1%로 나타

났다. 현재 노인에 비해 예비 노인의 경우, 농어촌 지역보다는 도시 지역에서 노후를 보내고자 하는 의향이 높은 것을 볼 수 있다.

노후에 거주하고 싶은 주거 형태로는 현재 노인의 경우, 단독주택이 69.6%로 가장 높은 비율을 차지하였으며, 다음으로 아파트가 21.1%로 나타났다. 이에 반해 55~64세 예비 노인의 경우, 단독주택 59.6%, 아파트 30.3%로 현재 노인에 비해 아파트 희망률이 높은 것으로 나타났다.

〈표 5-26〉 노후를 보내고 싶은 지역 및 주거 형태

(단위: %, 명)

구분		55-64세	65세 이상	계
노후를 보내고 싶은 지역	농어촌 지역	35.8	48.0	38.8(989)
	중소도시 지역	33.0	26.1	31.3(799)
	대도시 지역	23.3	19.1	22.3(568)
	자녀 거주지와 가까운 지역	7.8	6.9	7.6(194)
	계	100.0(1,929)	100.0(621)	100.0(2,550)
거주하고 싶은 주거 형태	단독주택	59.6	69.6	62.0(1,582)
	다세대주택	6.5	4.8	6.1(156)
	아파트	30.3	21.1	28.1(716)
	무료/실비 노인복지시설	2.3	4.0	2.7(70)
	유료 노인복지시설	1.1	0.5	0.9(24)
	기타	0.1	0.0	0.1(2)
	계	100.0(1,929)	100.0(621)	100.0(2,550)

주: 55세 이상 응답자 6273명 중 3723명(59.3%)이 결측으로 해석상의 주의가 필요함(75세 이상 응답자는 36명에 불과하여 후기노인에 대한 별도의 분석은 불가함).
자료: 국민연금연구원. (2015). 2015년 국민노후보장패널. 국민연금공단. 원자료 분석.

이사 여부와 관련 없이 향후 살고 싶은 주택 유형을 분석한 결과, 일반적인 단독주택이 56.5%로 가장 높은 비율을 차지하였으며, 저밀도 아파트 19.6%, 고밀도 아파트 9.2% 등의 순으로 나타나 앞의 표와 유사한 결과를 보이고 있다.

<표 5-27> 노인가구주의 향후 살고 싶은 주택 유형

(단위: 명, %)

구분	빈도	백분율
일반적인 단독주택	3,738	56.5
저밀도 아파트	1,294	19.6
고밀도 아파트(주상복합아파트 포함)	609	9.2
일반적인 연립, 다세대주택	304	4.6
단지형 단독주택	287	4.3
단지형 연립, 다세대주택	114	1.7
기타	14	0.2
잘 모르겠음	257	3.9
계	6,617	100.0

자료: 국토교통부. (2014). 2014년도 주거실태조사. 국토교통부.

향후 살고 싶은 주택의 규모는 21~25평이 27.0%, 26~33평 24.3%, 20평 22.3% 등의 순으로 나타났으며, 33평 이하가 약 90%를 차지하고 있는 것을 볼 수 있다.

<표 5-28> 노인가구주의 향후 살고 싶은 주택의 규모(평수 기준)

(단위: 명, %)

구분	빈도	백분율
20평 미만	1,129	17.1
20평	1,476	22.3
21~25평 이하	1,786	27.0
26~33평 이하	1,605	24.3
33평 이상	620	9.4
계	6,616	100.0

자료: 국토교통부. (2014). 2014년도 주거실태조사. 국토교통부.

현재 거주하고 있는 주택 규모와 향후 살고 싶은 주택 규모를 비교해 보면, 현재 노인가구주의 52.5%는 향후 살고 싶은 주택 규모를 현재보다 줄일 의향을 가지고 있으며, 현재 주택 규모를 유지할 계획인 노인은

25.8%, 앞으로 주택 규모를 증가시킬 계획인 노인은 21.7%로 나타났다.

전체의 약 41.7%는 주택 규모를 현재보다 10평 이하로 줄일 계획에 있으며, 주택 규모를 늘릴 의향이 있는 경우 10평보다는 적게 늘릴 계획에 있는 노인가구주는 17.5%로 나타났다.

〈표 5-29〉 노인가구주의 현재 주택 규모 대비 향후 살고 싶은 주택의 규모 비교(평수 기준)

(단위: 명, %)

구분	백분율	증감 규모	백분율
감소	52.5	10평 초과 10평 이하	10.8 41.7
유지	25.8	유지	25.8
증가	21.7	10평 이하 10평 초과	17.5 4.2
계	100.0(6,615)	계	100.0(6,615)

자료: 국토교통부. (2014). 2014년도 주거실태조사. 국토교통부.

2. 장기요양인정자의 재가보호 실태

노인장기요양보험제도는 2008년 7월에 도입되었다. 장기요양보험에서 제공되는 서비스를 받기 위해서는 '장기요양인정조사'를 통해 일정수준 이상의 장기요양 필요도가 있다고 판정되어야 한다. 즉, 장기요양서비스를 필요로 하는 65세 이상 노인 또는 65세 미만의 노인성 질환자는 인정신청을 통해 장기요양등급을 판정받은 후에 서비스를 이용할 권리를 갖는다. 노인장기요양보험 급여에 대한 이용권이 부여된 인정자의 규모는 2008년 제도 도입 시 21만 명에서 2010년 32만 명, 2014년 42만 명으로 증가하여 제도 도입 6년 만에 2배로 증가하였으며, 2016년 말 현재 약 52만 명의 노인이 장기요양인정자로 나타났다. 이는 65세 노인인구 중 4.2%(2008년)에서 7.5%(2016년)까지 증가한 것이다.

장기요양인정자수가 지난 9년간 크게 확대될 수 있던 것은 노인인구의 증가, 제도에 대한 사회적 인지도 향상 뿐 아니라 서비스 이용대상자의 보장수준을 확대하기 위한 제도적 노력의 결과가 크게 작용하였다.

제도도입 이후 2011년 치매가점제도를 도입하여 치매로 인해 어려움을 겪는 대상자를 추가적으로 유입하기 위해 제도 개편을 하였다. 2012년부터는 본격적으로 장기요양 인정기준 점수 하향을 통해 대상자의 보장성을 확대하였다. 2012년과 2013년 2점씩 하향 조정하여 제도초기 55점에서 51점으로 확대하였으며, 2014년에는 기존 3등급을 4등급으로 전환하고, 인정점수 51점의 기준을 45점으로 하향 조정과 함께 치매인 경우 5등급(치매특별등급)을 도입하게 되었다. 또한 2016년에는 인정조사의 평가기준을 완화함으로써 대상자 확대를 정책적으로 추진하였다.

〈표 5-30〉 연도별 노인인구 대비 인정률

(단위 : 명, %)

	2008	2009	2010	2011	2012	2013	2014	2015	2016
노인인구 (65세이상)	5,086,195	5,286,383	5,448,984	5,644,758	5,921,977	6,192,762	6,462,740	6,719,244	6,940,396
인정자	214,480	258,476	270,320	324,412	341,788	378,493	424,572	467,752	519,850
전년대비 증가수	-	43,996	11,844	54,092	17,376	36,705	46,079	43,180	52,098
노인인구 대비 인정률	4.2	4.9	5.0	5.7	5.8	6.1	6.6	7.0	7.5
(제도변화)	-	-	-	치매가점 도입	55점 →53점	53점 →51점	51점→ 45점(치매)		인정조사 평가기준 완화

주: 1) 연도말 기준으로 집계
　　2) 2009, 2010년도의 경우, 당해연도 연보의 인정자 계를 기준으로 작성함
자료 : 국민건강보험공단. 노인장기요양통계연보, 각년도.

장기요양서비스가 필요하다고 인지한 노인의 장기요양 인정 신청은 인정자의 규모만큼 꾸준히 증가하고 있다. 장기요양신청자는 2008년 356천명이 신청하였으며, 2016년은 849천명이 신청하여 2배 이상 증가한

것을 볼 수 있다. 제도적으로 보장규모 확대를 위해 인정점수 하향 조정 및 기준 완화를 실시하였으나, 장기요양신청자 대비 인정률은 2008년 60.3%에서 2010년 43.4%까지 감소하였으나, 2011년부터 지속적으로 증가하는 경향을 보인다.

〈표 5-31〉 연도별 인정조사 신청자 대비 인정률

(단위: 명, %)

구분	2008	2009	2010	2011	2012	2013	2014	2015	2016
인정조사 신청자	355,526	522,293	622,346	617,081	643,409	685,852	736,879	789,024	848,829
인정자	214,480	258,476	270,320	324,412	341,788	378,493	424,572	467,752	519,850
신청대비 인정률	60.3	49.5	43.4	52.6	53.1	55.2	57.6	59.3	61.2

주: 1) 연도 말 기준으로 집계.
자료: 국민건강보험공단. (각 연도). 노인장기요양통계연보.

장기요양인정자 규모는 지난 8년간 급격히 증가하였음에도 불구하고 장기요양인정 신청자 대비 비율은 꾸준히 유지되고 있다. 이는 현재 장기요양제도는 계속적으로 제도가 확대되었음에도 불구하고, 충분하지 못함을 반증하는 결과라 할 수 있다.

우리나라의 노인돌봄 제도는 장기요양을 신청해 등급을 받지 못한 경우 받을 수 있는 서비스는 지역에서 제공하는 노인돌봄종합서비스 외에는 거의 없는 실정이다. 하지만 노인돌봄종합서비스는 지자체에서 소득수준과 예산 범위 내에서만 대상자를 선정하여 그 대상자의 범위가 크지 않다는 한계가 존재한다. 이로 인해 장기요양에서 수급권을 받지 못할 경우 요양병원을 이용하는 비율이 높다.

장기요양등급별로 요양병원 이용자의 비율을 살펴보면, 장기요양등급을 받은 인정자 중에서 12.1%가 요양병원에 3개월 이상 장기입원한 것으로 나타났다. 장기요양에서 등급을 받지 못한 등급외자 중 요양병원 장기입원의 비율은 10.3%로 나타났다. 그러나 요양병원 이용 비율은 치매에 따라 큰 차이를 보인다. 장기요양등급을 받은 인정자의 경우 치매가 있는 경우 13.4%가 요양병원을 이용한 것으로 나타나며, 비치매는 10.3%이다. 반면 등급외자의 경우는 장기요양등급자에 비해 요양필요도가 낮음에도 불구하고 등급외자 중 치매가 있을 경우 21.2%가 요양병원을 이용하며, 비치매자의 경우 9.1%로 나타난다.

비치매자의 경우 장기요양등급자와 비등급자간에 요양병원 이용율은 비슷하게 나타나지만, 치매가 있는 경우 등급외자의 요양병원 이용율은 매우 높게 나타난다. 이와 같은 결과는 현재 노인장기요양보험제도 이외에 지역사회에서의 돌봄 서비스가 부족한 상황에서 장기요양보험제도의 대상자의 보장성 수준은 충분하지 못하며, 이는 결국 노인의 지역사회 계속 거주(AIP)의 장애요인이 되고 있다고 볼 수 있다.

〈표 5-32〉 장기요양등급별 요양병원 이용자 수(2017. 6. 기준)

(단위: 명, %)

구분	등급자(1~5등급)			등급외		
	계	치매	비치매	계	치매	비치매
장기요양인정자수	552,437	318,696	233,741	160,940	15,854	145,086
요양병원	66,961	42,819	24,142	16,594	3,365	13,229
인정자 중 요양병원 이용률	12.1	13.4	10.3	10.3	21.2	9.1

주: 1) 치매 여부는 인정조사표상 치매 있음으로 응답한 여부.
2) 요양병원 이용은 2016. 7.~2017. 6.(1년) 동안 90일 이상 요양병원 이용자.
자료: 이윤경 외. (2017). 제2차 장기요양 기본계획 수립 연구. 보건복지부, 한국보건사회연구원

OECD(2017)의 통계에 의하면 OECD 국가의 65세 이상 인구 1,000명당 장기요양병원 병상수는 평균 4.3(2015년)이며, 시설침상은 44.0으로, 전체 48.3개로 나타난 반면, 우리나라는 병원병상이 34.1개이며 시설침상은 24.5개로 총 58.6개로 높게 나타났다. 이는 타 국가에 비해서 우리나라는 장기요양 필요 노인을 재가보다는 시설이나 요양병원의 병상에서 보호하고 있는 AIP에 적합하지 않은 보호형태임을 보여준다.

장기요양인정자의 급여 이용현황을 살펴보면 〈표 5-33〉과 같다. 전체 급여 이용자 중에서 시설급여와 재가급여 이용의 규모는 시설에 비해서 재가급여 이용자가 높게 나타난다. 재가급여의 경우 개별 서비스별 중복 급여가 가능하므로, 전체 급여이용자 중 시설급여 이용자의 비율을 제외하면 재가급여 이용자의 규모를 추측할 수 있다. 전체 급여 이용자 중 노인요양시설과 노인요양공동생활가정을 이용한 시설급여 이용자의 비율은 2008년 42.9%, 2010년에는 37.0%으로 감소한 이후 계속적으로 증가하여 하지만 2014년 이후 비교적 안정적으로 40%미만을 유지하고 있다. 2016년 기준 시설급여는 36.4%로 나타났다.

〈표 5-33〉 연도별·서비스유형별 이용자 수(비율) 추이

(단위: 명(%))

구분		2008	2009	2010	2011	2012	2013	2014	2015	2016
재가 급여	방문요양	70,094 (46.8)	179,027 (61.4)	224,908 (64.5)	221,192 (61.4)	210,508 (57.0)	224,233 (56.1)	240,392 (55.4)	260,252 (54.7)	284,232 (54.7)
	방문목욕	24,209 (16.2)	53,985 (18.5)	71,561 (20.5)	73,600 (20.4)	67,035 (18.1)	65,509 (16.4)	62,017 (14.3)	60,285 (12.7)	61,812 (11.9)
	방문간호	4,154 (2.8)	8,708 (3.0)	8,462 (2.4)	7,870 (2.2)	7,866 (2.1)	7,634 (1.9)	7,660 (1.8)	8,613 (1.8)	9,077 (1.7)
	주야간보호	10,027 (6.7)	18,091 (6.2)	21,255 (6.1)	22,428 (6.2)	24,014 (6.5)	28,051 (7.0)	35,089 (8.1)	45,006 (9.5)	57,165 (11.0)
	단기보호	6,411 (4.3)	21,163 (7.3)	16,468 (4.7)	4,403 (1.2)	4,867 (1.3)	7,264 (1.8)	7,021 (1.6)	6,436 (1.4)	5,866 (1.1)
	복지용구	22,423 (15.0)	94,843 (32.5)	111,180 (31.9)	116,690 (32.4)	133,495 (36.1)	154,883 (38.8)	169,896 (39.2)	194,139 (40.8)	216,803 (41.7)
시설 급여	노인요양시설	62,203 (41.6)	85,691 (29.4)	115,479 (33.1)	127,568 (35.4)	137,250 (37.1)	168,782 (42.2)	142,382 (32.8)	153,840 (32.4)	164,221 (31.6)
	노인요양 공동생활가정	1,978 (1.3)	7,417 (2.5)	13,682 (3.9)	17,130 (4.8)	20,485 (5.5)	26,249 (6.6)	26,542 (6.1)	26,317 (5.5)	25,153 (4.8)
전체(계)		149,656	291,389	348,561	360,073	369,587	399,591	433,779	475,382	520,043

주: 1) 지급기준(사망자 급여실적 포함)이며, 전체(계)는 중복이 배제된 값임.
    2) 재가급여 총 이용자 수는 전체 이용자 수(중복이 배제된 값)에서 시설 이용자 수를 뺀 값으로 계산함.
    3) 괄호안은 전체 이용자(실인원) 대비 개별급여 이용비율이며, 이용비율의 합은 100%가 넘을 수 있음(급여간 중복).
    4) 노인요양시설에는 노인요양시설(신법, 구법, 전문요양시설, 단기보호전환)이 포함된 수치임.
자료: 국민건강보험공단, 노인장기요양통계연보, 각년도.

2016년 기준 급여이용자 중 약 64.6%는 재가급여를 이용하고 있음을 알 수 있다. 이중 가장 많이 이용하는 서비스는 방문요양으로 전체 급여이용자의 54.7%이며, 복지용구는 41.7%로 나타났다. 방문요양의 경우 제도 초기부터 재가급여 중 가장 이용률이 높은 급여로서 제도 초기 64.5%까지 높아졌으나 점차적으로 낮아지는 경향을 보이고 있다. 반면, 복지용구는 제도초기에 비해 계속적으로 이용율이 높아지고 있어 지역사회 거주하는 노인의 선호가 높음을 반영한다.

또한 주야간보호의 경우 제도 초기 급여이용자의 6%수준에서 2016년 11%로 크게 증가하였으며 이는 제도도입 이후 서서히 증가하는 주야간보호 서비스 기관의 증가, 국민의 서비스에 대한 인지도 향상, 제도적지지 등에서 원인은 찾을 수 있다.

노인 본인이 거주하던 집에서 계속 거주하지 못하고 요양시설이나 요양병원 등에서 장기 거주하는 규모는 2016년 현재 장기요양보험에서의 시설급여 이용자(189천명), 장기요양등급자와 등급외자 중 요양병원 장기입원자(84천명)을 고려하면 노인의 약 4%이며, 장기요양등급을 신청하지 않고 요양병원에 장기 입원하는 노인까지 고려하면 매우 높은 수치이다. 이는 고령화율이 20%를 넘는 독일의 경우 시설급여 이용자의 비율이 4.1%(2015년 기준) 수준과 비슷한 수준으로, 우리나라의 고령화율이 14%수준임을 고려할 때 매우 높은 수준임을 알 수 있다.

즉, 우리나라 노인은 본인의 집에서 죽을 때까지 살고 싶다는 Aging in place를 하고 싶은 욕구가 높음에도 불구하고, 실제 현실에서는 AIP를 실현하지 못하고 있는 현실을 보여주고 있다.

제2절 노인장기요양 및 기타 제도의 AIP 저해요인 분석

1. 장기요양제도 설계 및 운영에서의 AIP 저해요인 분석

가. 기본방향

노인장기요양보험법 제3조(장기요양급여 제공의 기본원칙)는 "장기요양급여는 노인 등이 가족과 함께 생활하면서 가정에서 장기요양을 받는 재가급여를 우선적으로 제공하여야 한다"로 설정하고 있다.

노인장기요양보험에서 AIP 실천을 위한 방안으로 실시하고 있는 것은 본인부담금에 차등을 두어 재가급여 이용시 15%, 시설급여 이용 시 20%로 하고 있다.

또한 장기요양보험급여는 현물급여만을 지급하지만, 예외적으로 가족요양비를 통한 특별현금급여를 운영 중이다. 특별현금급여인 가족요양비는 서비스 공급 인프라가 부족한 섬, 산간오지 거주자 또는 질병 등으로 인해 가족 이외의 자가 보호하기 어려운 경우 지급하고 있다.

현재 제도 설계상에서는 노인이 시설로 이동하지 않고 재가에서 거주하면서 서비스를 이용하는 것을 유인하거나 촉진하는 요인이 본인부담금 이외에는 없는 상태이다.

나. 재가급여 이용량 부족

AIP 실천 측면에서 볼 때 장기요양제도의 재가급여 체계는 몇 가지 한계를 갖고 있다. 우선 재가급여 이용량의 부족이다. 재가급여는 등급별 월급여 한도액 범위 내에서 수급자가 다양한 서비스를 혼합하여 사용할 수 있다. 등급별 월급여 한도액을 살펴보면, 2017년 기준 1등급의 경우

125만 원이며, 2등급 110만 원, 3등급 104만 원, 4등급 98만 원, 5등급 84만 원이다. 1등급의 월 한도액 125만 원(2017년)은 1일 평균 4만 1,666원을 이용할 수 있으며 이는 방문요양을 3시간가량 이용할 수 있는 수준이다.

중증 노인의 경우 재가에서 생활하기 위해서는 가정에 방문하는 요양보호사 이외에 별도의 서비스나 돌봄이 요구된다. 중증이면서도 재가에 거주하는 노인의 경우 서비스 단가 대비 보호 시간이 장시간인 주야간보호에 대한 이용 욕구가 있더라도 이동의 어려움과 중증보다는 경증에 적합한 주야간 서비스 내용 등으로 이용이 어렵다. 따라서 이들의 대부분은 재가에서 방문형 서비스를 이용하게 되고 1등급이라도 오전 또는 오후에 3~4시간 정도의 보호를 받게 되며, 이외의 시간은 가족이 보호하거나 외부의 별도의 간병인을 고용하는 방식으로 보호된다. 즉, 장기요양보험에서는 재가보호의 본인부담금이 시설에 비해 15%로 저렴하게 책정되어 있으나 돌봄시간 부족에 따른 사적 간병인을 고용할 경우 실제적으로 가족이 부담해야 하는 비용은 크게 증가하게 된다.

이러한 경우 가족들은 재정적 어려움과 수발의 어려움이 있더라도 집에서 직접 돌보는 방식을 택하거나, 시설입소를 고려하게 된다. 실제로 재가에서 보호하는 가족 중 27.3%는 시설입소에 대해 생각하는 것(한은정 등, 2016)으로 나타나고 있다.

상대적으로 중증인 1~3등급자가 시설에 입소할 경우 일상생활 지원을 비롯한 24시간 보호가 가능하며, 가족 내에서 재가서비스를 이용하면서 보호하는 것에 비해 상대적으로 경제적, 신체적 수발 부담이 적을 수 있다. 따라서 노인이 계속적으로 지역에서 거주하면서 보호를 받기를 희망하더라도 현실적으로는 가족은 시설 보호를 희망하게 되고, 노인 또한 가족의 어려움을 생각하여 본인의 희망사항을 표현하기 어렵게 된다.

다. 시설급여와 재가급여 이용량의 형평성

장기요양 대상자의 급여량은 동일 등급이라도 재가급여 이용자와 시설급여 이용자가 이용할 수 있는 총 급여량은 상이하며, 시설급여가 높다. 또한 경증으로 갈수록 그 차이는 높은 것으로 나타난다. 이러한 급여 구조로 인하여 수급자(특히 가족)는 24시간 보호 서비스가 제공되는 시설 이용을 선호하게 되며 이는 제도가 지향하는 '재가보호 우선원칙'을 달성하기 어려운 구조이다. 앞서 제시한 것과 같이 독일의 사례에서는 동일 등급일 경우 시설과 재가에서 이용할 수 있는 한도액을 동일하게 설정하고 있으며, 이러한 정책적 접근은 소비자의 재가 선택을 촉진하고 있다.

〈표 5-34〉 재가급여 월한도액과 시설급여 월수가의 비교

(단위: 원)

	재가급여 월한도액 (17.1)	노인요양시설			노인요양공동생활가정		
		1일당 비용	30일 기준 월비용	재가급여와의 차액	1일당 비용	30일 기준 월비용	재가급여와의 차액
1등급	1,252,000	59,330	1,779,900	527,900	52,940	1,588,200	336,200
2등급	1,103,400	55,060	1,651,800	548,400	49,120	1,473,600	370,200
3등급	1,043,700	50,770	1,523,100	479,400	45,280	1,358,400	314,700
4등급	985,200	50,770	1,523,100	537,900	45,280	1,358,400	373,200
5등급	843,200	50,770	1,523,100	679,900	45,280	1,358,400	515,200

자료: 국민건강보험공단 노인장기요양보험 홈페이지(www..longtermcare.go.kr).

라. 공급자 중심 서비스 제공 방식

재가요양의 방문요양서비스에서는 제공 방식에서 노인 욕구와 제공 방식의 미스매칭이 나타난다. 재가에서 서비스를 받고 있는 노인의 대부분은 방문요양을 이용하고 있으며, 전체 이용자의 54.7%가 방문요양을 이용하고 있다. 현재 방문요양의 제공 방식은 1일 1회 3~4시간을 방문하여

서비스를 제공한다. 장기요양서비스를 필요로 하는 노인에게 요구되는 서비스는 가사 이외에도 식사, 일상생활, 신체활동 지원이 요구된다. 이러한 욕구는 1일 1회 서비스 제공으로 해소되지 않는 부분으로 1일 다회 방문이 요구되지만, 현재 서비스 제공 방식은 대부분 1일 1회 장시간 방문으로 욕구에 부합하는 서비스가 제공되지 못하고 있다.

네덜란드에서는 재가보호 중심으로 급여내용을 전환하면서 지역방문간호사 제도를 부활시켰다. 지역방문간호사는 노인의 가정을 방문하여 의료적 서비스 이외에도 일상생활 지원을 수행한다. 위 제도는 1회 방문 시간은 최소화하고 1일 다회방문으로 서비스 내용을 전환(일반적으로 노인은 아침과 저녁에 지역방문간호사, 요양보호사에 의한 2회 방문)하여 노인의 욕구에 즉각적으로 대응할 수 있는 방안이 되었다. 또 다른 예로 일본의 지역포괄지원센터는 구역 단위로 구분하여 지역 중심의 서비스를 제공하고 있으며, 수시방문 형태로 전환하기 위한 시도를 하고 있다.

마. 노인돌봄 자원으로서 가족 활용 부족

노인장기요양제도는 도입 시 현물급여만을 원칙으로 하며, 매우 제한적인 경우에 한해 가족요양비를 지급(현재 800명가량 만이 이용)하고있지만, 급여 수준도 월 15만 원으로 매우 적다. 노인장기요양보험제도가 도입되기 이전 노인은 가족에 의해 돌봄을 받았지만 제도가 도입되면서 가족에 의한 돌봄은 축소되거나 '가족인 요양보호사'라는 형태로 가족돌봄이 제도에서 활용되고 있다. 가족인 요양보호사란 수급자와 가족 관계에 있는 요양보호사가 돌봄을 제공하는 경우로 1일 60분의 방문요양으로 인정되며, 가족인 요양보호사는 방문요양기관에 소속된 직원으로서 임금을 받고 수급자는 본인부담금을 납부하도록 한다. '가족인 요양보호사'는 제도 초기 의도된 설계는 아닌 형태이지만, 결과적으로 노인을 돌보는 가족에 대한 현금급여의 형태이다. 이는 여전히 가족의 수발에 대해 공식적인 인정이 아닌 방식이라는 한계를 갖고 있다.

전 세계적으로 고령화율이 높은 국가에서는 돌봄 욕구는 증가하고 있으나, 돌봄 인력 부족 등의 문제를 겪고 있고 이를 해결하기 위한 방안으로서 가족 내 돌봄을 적극 활용하기 위한 노력을 한다. 가족을 위한 지원은 현금지원을 비롯한 연금 등의 사회보험 보장, 가족 휴가제 활용 등의 방식을 통해 노인이 재가에서 거주하면서 보호를 받을 수 있도록 적극 지원하고 있다. 독일, 오스트리아 등의 국가에서는 제도 설계 시 현금급여를 통한 수급자의 선택권을 보장할 뿐 아니라 가족을 보호인력으로 적극 활용할 수 있는 제도를 마련하고 있다.

가족의 보호만으로 노인을 보호하기에는 어려움이 많으며, 이로 인해 노인장기요양보험이라는 사회적 제도가 마련되었다. 그러나 가족인 요양보호사 제도가 꾸준히 유지되고 있다는 것을 통해 아직까지는 가족에게 보호받고자 하는 노인의 욕구와 보호하고 싶어 하는 가족의 욕구가 있다는 것을 알 수 있다. 그럼에도 불구하고 점차적으로 가족에서의 노인돌봄에 대한 인식이 사회적 돌봄을 활용하는 것이 최고의 선택처럼 인식되어 감에 따라 활용될 수 있는 가족 자원이 사장되고 있다.

노인이 지역에서 계속 거주하는 AIP 실천을 위해서는 집에서 계속 거주할 수 있는 공식적 서비스뿐 아니라 동거 또는 비동거 가족의 도움도 매우 중요한 요소일 것이다.

바. 재가급여의 주택개조 등 주거지원 부족

돌봄필요 노인의 재가거주를 위해서는 주택 개조를 통한 안정성 확보가 마련되어야 한다. 현재 재가급여 중 복지용구를 이용할 수 있도록 되어 있으나, 복지용구 내 주택 개·보수를 위한 급여는 부재한 상태이다. 일부 지역에서 주택 개·보수 사업이 사회 서비스로 제공되고 있으나, 일부 지자체의 사업으로 빈곤층 중심의 서비스로 실시되고 있어 실제적으로 서비스를 이용하는 경우는 적은 편이다.

2. 지역사회 계속 거주 저해요인: 주택 및 그 외 제도

가. 고령자 전용주택 현황 및 문제점

노인복지법에 의하면 노인복지시설 중 주거를 주요 목적으로 하는 노인주거복지시설은 양로시설, 노인공동생활가정, 노인복지주택의 3가지로 구성된다. 노인장기요양보험제도가 도입되기 이전 시설은 국가의 지원 여부에 따라 무료시설과 실비시설, 유료시설로 구분되었다. 2006년 양로시설의 구성을 살펴보면 무료시설이 145개, 실비시설이 132개, 유료시설 74개로 무료시설과 실비시설이 대다수였다. 이 시기에는 시설입소는 자녀나 가족이 없어 돌봐줄 사람이 없고 빈곤한 노인이 이용하는 곳이라는 사회적 인식이 높은 현실을 반영한다. 2007년 이후 계속적으로 양로시설은 감소하여, 2016년 현재 265개소이며 최근 빈곤한 노인이라도 지역에서 가능한 오래 살고자 하는 욕구에 의해 양로시설에 대한 선호가 적고, 요양시설이 크게 확대됨에 따라 기능이 악화될 경우 요양시설을 이용하는 것으로 보여진다.

양로시설은 감소하는 추세이지만, 노인공동생활가정은 꾸준히 증가하는 모습을 보인다. 노인장기요양보험제도가 도입되던 시기에 새롭게 되입된 형태로 2016년 현재 128개소가 운영되고 있으며, 이는 대규모 보호 양로시설보다는 생활을 위한 공간으로서 소규모 주거복지시설에 대한 수요가 꾸준히 있음을 반영하는 것으로 보이며, 노인복지주택 또한 장기요양제도가 도입되기 이전 유료시설로 운영되고 2007년 14개소였으며 꾸준히 증가하여, 2016년 전국 32개소가 운영 중에 있다.

〈표 5-35〉 노인주거복지시설 현황

(단위: 개)

구분		'04	'05	'06	'07	'08	'09	'10	'11	'12	'13	'14	'15	'16
양로시설	무료	78	137	145										
	실비	12	64	132	384	306	285	300	303	285	285	272	265	265
	유료	41	69	74										
노인공동생활가정		0	0	0	0	21	56	75	87	108	125	142	131	128
노인복지주택	실비	0	0	0	14	20	19	22	24	23	25	29	31	32
	유료	8	12	15										

자료: 보건복지부. (각 연도). 노인복지시설 현황.

광의의 개념에서의 AIP는 중장년기에 거주하던 공간적 집의 범위를 넘어 지역에서의 대안적 주택까지를 포함한다. 하지만 현재 우리나라는 대안적 노인주택이 매우 부족한 상태이며, 이로 인해 대부분의 노인이 노인복지주택으로 이주할 경우 기존에 거주하던 지역을 떠나서 대안적 주택이 설치되어 있는 낯선 지역으로 이동하게 될 가능성이 높다. 따라서 현재 형태의 노인복지주택은 AIP 실천의 대안모형으로 보기 어려운 상태이다.

또한 현재 양로시설, 노인복지주택 등에서는 외부 서비스 공급의 한계가 나타나고 있다. 이상의 노인주거복지시설의 경우 노인장기요양보험에서 이들을 시설로 인정하고 방문요양 등의 서비스 이용이 제한되었으나, 최근 노인복지주택에 한하여 서비스 이용이 가능하도록 되었다. 그러나 아직까지도 지자체나 국가에서 설립 운영하는 노인복지주택의 경우 장기요양서비스 이용이 자체적으로 제한되는 사례가 있으며, 이로 인해 노인복지주택에 거주하다 기능상태 악화가 발생할 경우 주택에서 다른 곳으로 이주를 해야 하는 상태이다. 즉, 앞서 노인 인터뷰에서 언급한 것과 같이 노인주택에 간 다음 건강이 나빠지면 또다시 움직여야 하지 않느냐는 걱정이 현실화되는 것이다. 그나마 노인복지주택에서는 장기요양서비스 이용이 가능하지만, 양로시설에서는 허가되지 않으며 그 논리는 무료 또는 실비의 경우 주거시설이지만 일정 부분 돌봄을 위해 요양보호사가 배치되고 있으므로 이중적으로 제공할 수 없다는 것이다. 그러나 양로시설 중 주거용으로 활용되는 일부 유료시설의 경우 노인복지주택과 유사한 형태를 보이고 있으므로 노인장기요양서비스 이용이 가능해야 할 것이다.

본래 주택에서 거주하기 어려운 노인, 인구밀도가 낮은 지역(원거리 지역)의 거주노인과 같이 서비스 이용의 어려움이 있는 노인의 경우 대안적 노인주택 공급을 통한 지역사회 거주 활성화가 필요하다. 현재 제공되는 노인주택은 대부분 고급형 노인주택, 또는 저소득층을 대상으로 하는 양로시설로 극단화되어 다양하지 못한 한계를 갖는다.

나. 의료 서비스의 문제점

의료 서비스의 재가 중심형 보호 부족 및 요양병원의 입원이 용이하며, 지역 내의 주치의 제도가 없고, 의사 또는 간호사에 의한 왕진 제도가 활성화되지 않은 상태로 이동의 어려움이 높다. 이러한 문제점은 의료 필요도가 높은 노인의 경우 재가 거주를 제한하는 원인 될 수도 있다.

또한, 요양병원의 장기입원이 용이한 제도적 구조로 인하여 요양시설의 대체물로서 요양병원이 이용되고 있는 현실로 인해 재가 거주를 제한하고 있다.

다. 생활지원서비스 제공의 부족

일상생활 수행에 크게 어려움이 있지 않으나, 노쇠로 인해 일부 생활에 어려움이 있는 허약노인이 증가하고 있다. 하지만 이들 노인의 경우 현재 이용할 수 있는 서비스가 매우 부족한 상태이다. 장기요양보험제도 이외의 서비스는 노인돌봄서비스, 독거노인지원서비스, 지역사회 내의 재가노인복지서비스가 있으나 노인이 혼자서 또는 부부가 생활하기 위해 필요한 소소한 도움이 이루어지고 있지 못한 한계를 갖고 있다.

노인돌봄서비스는 노인장기요양보험에서 등급에 포함되지 못한 등급외자를 대상으로 하며 제공되는 서비스 또한 방문요양이 중심이 됨으로 가사 지원과 신체활동 지원 중심의 제공 형태이다. 위 서비스를 이용하기 위해서는 등급외 A 또는 B여야 하며, 소득기준, 지자체의 예산 제한 등으로 인하여 욕구가 있는 모든 노인이 이용할 수 있는 상황이 아니다.

독거노인지원서비스의 경우 독거노인의 안부 확인을 중심으로 하는 서비스로 빈곤한 독거노인을 중심으로 제공되므로 일상생활 지원을 위한 서비스가 제공되지 못하는 실정이다. 지자체의 재가노인지원서비스 또한 저소득층 노인을 대상으로 하는 자원연계 사업을 중심으로 하는 한계를 보인다.

향후 노인의 1인 가구와 후기 부부노인 가구가 계속적으로 증가할 것을 고려할 때 이들을 위한 일상생활 서비스 또는 이들 서비스가 제공되는 노인전용주택의 보급이 이루어져야 할 것이다.

제6장

AIP 실현을 위한 장기요양 및 돌봄제도 개편 방안

제1절 일상생활 수행 제한 노인의 AIP 실천방향
제2절 노인장기요양제도의 정책개선
제3절 의료 및 일상생활 지원, 주택 등의 서비스 개발

AIP 실현을 위한 장기요양 및 돌봄제도 개편 방안

　노인과 전문가의 노년기 거주에 대한 의견조사 결과에서 나타난 것과 같이 이상과 현실은 큰 차이를 보이고 있다. 대부분의 노인들은 살던 집에서 죽을 때까지 계속 거주하고 싶어 하며, 전문가들도 상당수가 이를 지향하고 있다. 이것이 진정한 의미의 Aging in place라고 생각한다. 하지만 현실에서는 노인과 전문가는 노인이 살던 집에서 죽을 때까지 계속 사는 것은 어렵다고 포기한 상태이다. 즉, 우리나라에서 노후를 맞이하는 사람의 대부분은 인생 말기 본인이 희망하는 모습으로 살아가지 못하는 현실에 처해 있다. 노인이 본인이 거주하던 집을 포기해야 하는 결정적 원인은 스스로 자립적인 생활이 어려운 상태이다. 노인과 전문가 의견조사에서도 건강이 악화될 경우 할 수 없이 집을 떠날 수밖에 없다고 생각하는 것으로 나타났으며, 현실에서도 기능악화는 자녀 집으로 이동 또는 요양시설·병원으로의 이동으로 이어지는 실태를 나타냈다. 2014년 노인실태조사(정경희 등, 2014) 결과에 따르면 노인 중 일상생활의 어려움이 있는 노인은 전체 노인 중 약 17.9%이며, 수단적 기능제한 노인은 11.3%, 일상생활 기능제한 노인은 6.9%이다. 특히 80~84세에서는 34.3%, 85세 이상은 56%가 기능제한 노인으로 80세 이상이 되었을 때는 자립적으로 집에서 생활하는 데 어려움을 갖는 노인이 많아지게 된다.

　따라서 노인의 Aging in place를 현재 건강이 양호한 상태에서 기능이 악화되어 사망에 이를 때까지로 확대하기 위해서는 요양을 필요로 하는 후기 노년기에 대한 접근 개편을 통해 AIP 달성도를 높일 수 있을 것이다. 본 장에서는 AIP 실현을 위해 고연령 후기노인이 지역에서 계속 거주하기 위한 방안을 모색하고자 한다.

제1절 일상생활 수행 제한 노인의 AIP 실천방향

노인이 자립적으로 지역에서 살기 위해서 하는 활동은 다양하지만, 통계청 〈생활시간조사 행동분류표〉를 고려하여 보면, ① 개인유지(수면, 식사하기, 개인관리 등), ② 가정관리(음식준비, 의류관리, 청소, 집관리, 물품구입, 가정경영)가 가장 기본으로 보인다. 즉, 이들 내용은 일상생활수행능력(ADL)과 수단적 일상생활수행능력(IADL)의 범위임을 확인할 수 있다. 따라서 일상생활수행능력과 수단적 일상생활수행능력의 각 항목별 자립 가능성에 따라 보조도구 또는 타인에 의한 도움을 통해서 생활이 가능할 것이다.

1. 일상생활 수행 제한 노인의 AIP 실천목표 및 구성요소

일상생활 수행에 제한이 있는 노인의 AIP 실천목표는 다음과 같이 설정하고자 한다. "본인이 거주하기를 희망하는 집 또는 장소에서 거주하면서 친숙한 사람들과 관계를 유지하면서 적절한 지원과 보호를 받으며 생활하고, 좋은 죽음(well-dying)을 맞이하는 것"으로 제안한다.

노인과 전문가 조사 결과 AIP가 진정한 의미를 갖기 위해서는 '본인의 선택'이 중요한 요소로 파악되며, 희망하는 바는 집에서 오랫동안 거주하기를 희망하고 생을 마감하고자 하는 바람을 갖고 있다. 현실적 제약으로 인해 현재는 이것들이 실현되고 있지 않지만 근본적으로 희망하는 모습이므로 이를 목표로 제시하는 것이 바람직할 것이다. 이러한 방향은 앞서 살펴본 일본의 AIP 사례와 유사하다고 볼 수 있으며, 일본은 지역에서 계속 거주하고 편안한 죽음을 맞이할 수 있도록 하는 것을 목표로 하고 있다. 또한 노인이 희망하는 집 또는 장소에서 거주하기를 희망하는 것은 그곳에

'친숙한 사람과의 관계'가 있기 때문일 것이다. 유엔 비엔나 보고서에서는 '노인에게 집은 단순한 거주 공간이 아니라 그 이상의 의미를 갖고 있다'라고 제시하였으며, 노인 면접조사에서도 현재 거주하고 있는 집을 희망하는 이유에는 '관계'를 갖고 있는 사람이 있으며, 향후 희망하는 장소에서도 희망하는 '관계'가 유지될 수 있는 곳이 주요 요인으로 나타났다. 즉, AIP 실천에서 '친숙한 관계'를 유지하도록 하는 것은 매우 주요한 요소이다.

일상생활 수행에 제한이 있는 노년기에서의 AIP 실천을 위해서 반드시 필요로 하는 것은 '적절한 지원과 보호'이다. 현재 노인과 전문가들이 죽을 때까지 지금 거주하는 곳에서 사는 것이 어렵다고 생각하는 가장 핵심적 요인은 적절한 보호가 부재하기 때문이다. 즉, 노인이 기능이 저하되더라도 지역에서 계속 거주하기 위해 필요로 하는 적절한 보호에 대한 정의가 필요하다. 이를 위해서는 노인의 기능상태에 대한 분석과 해당 필요 서비스를 구체화할 필요가 있을 것이다. ADL과 IADL의 일상생활수행능력을 기준으로 할 때 ADL과 IADL에 1개 이상 제한이 있는 노인 18.2%를 대상으로 이들의 기능상태 제한 정도를 살펴보면 〈표 6-1〉과 같다.

일반적으로 노화로 인한 기능저하는 행위가 복잡하고 어려울수록 먼저 발생하게 되고 이로 인한 기능저하로 해당하는 비율이 높게 된다. IADL에 해당하는 기능 항목의 경우 ADL 항목에 비해 행위의 난이도가 높음으로 인해 기능저하 비율이 더 높게 나타난다. 가장 제한율이 높은 것은 금전관리, 그다음이 집안일, 식사준비, 교통수단 이용, 빨래, 전화걸기/받기, 물건 구매, 근거리 외출하기이며, 이들 행위들은 주기를 가지고 발생하며 주 1회 이상 정도를 갖고 있다고 판단된다. 즉, 이들 행위에 기능제한이 있는 경우는 서비스를 제공하는 사람이 특정 시간을 지정하여 지원이 가능한 행위이다. 몸단장하기, 약 챙겨 먹기에 어려움이 있는 노인의 비율은 4.9%와 2.7%로 나타난다.

〈표 6-1〉 일상생활 기능항목별 노인의 제한율과 기능항목별 특성

	기능항목	제한율	상시성[1]	도움필요도 [1]	24시간 보호필요[1]
수단적 일상생활 항목별 제한율	금전관리	11.4	주기성	(빈도 없음)	-
	집안일	9.5	주기성	주 1회 이상	-
	식사준비	9.0	주기성	주 1회 이상	-
	교통수단 이용	9.0	주기성	(빈도 없음)	-
	빨래	8.0	주기성	주 1회 이상	-
	전화 걸고 받기	7.4		(빈도 없음)	-
	물건 구매	5.4	주기성	(빈도 없음)	-
	근거리 외출하기	4.9	주기성	(빈도 없음)	-
	몸단장하기	4.9	주기성	매일	-
	약 챙겨 먹기	2.7	주기성	매일	-
일상생활 항목별 제한율	목욕하기	5.8	주기성	매일(개인차)	-
	세수/양치질	3.4	주기성	매일	-
	옷입기	2.6	주기성	매일	-
	대소변 조절하기	2.2	상시	매일	-
	화장실 출입	1.8	상시	매일	○
	방 밖으로 나가기	1.3	상시	매일	○
	식사하기	0.9	주기성	매일	○

주: 1) 기능항목별 행위의 상시성과 해당 기능이 저하되었을 때 24시간 보호필요 여부는 연구진의 판단에 의함.
자료: 정경희 등.(2014). 2014년도 노인실태조사. 보건복지부·한국보건사회연구원. pp. 346, 349.

　ADL의 항목에서 가장 제한비율이 높은 것은 목욕하기로 5.8%로 나타나며, IADL의 몸단장, 근거리 외출, 약 챙겨 먹기 등과 비교할 때 난이도가 더 높은 것으로 나타났다. 따라서 IADL 일부 항목의 제한이 있고 ADL의 목욕하기에 제한이 있는 노인이 집에서 생활할 경우, 특정 일자를 지정하여 지원하는 방식을 통해 노인은 계속 지역에서 거주할 수 있을 것이다.
　그러나 목욕하기를 제외한 그 이외의 항목의 ADL 기능에서 어려움이 있을 경우에는 1일 1회 이상의 주기적 빈도를 가지고 있는 행위들이 대부

분으로 매일 도움을 필요로 하게 되며, 특히 화장실 출입과 방 밖으로 나가기, 식사하기까지 기능제한이 있는 노인은 상시적 도움이 필요한 기능 상태로 24시간 도움을 필요로 한다.

즉, 일상생활의 제한이 있는 노인이 그들이 희망하는 집 또는 장소에서 계속 거주하기 위해서는 개개인의 기능저하 상태에 따라 필요로 하는 도움을 구체화하고, 이를 지원하도록 할 필요가 있을 것이다.

AIP의 목표에서도 '노인 개인의 희망'을 주요 요인으로 고려한 것과 같이 구체적인 실천 정책 모색에 있어서도 노인의 특성에 대한 모색이 필요하다. 노인 면접과 전문가 조사에서도 나타난 것과 같이, 희망하는 AIP의 모습은 지역별 특성에 따라 유형화될 수 있다. 특히 노인의 거주 지역과 건강 악화 이전 지역 내의 친밀한 관계 유형에 따라 희망하는 거주 형태는 다르게 나타남을 볼 수 있다. 도시 지역에 비해 농촌에서는 보다 지역단위 친밀성이 높다는 점을 고려하여, 이미 형성된 지역단위 친밀도를 유지할 수 있도록 현재 주거 공간의 노인친화적 환경 마련, 또는 집에서의 노인 보호 체계가 갖추어질 수 있도록 해야 할 것이다. 반면 도시 지역의 경우 지역단위 관계 친밀도가 높지 않은 특성을 반영하여 지인끼리의 공동주거 등이 가능하도록 하는 새로운 주거 형태의 확대 등이 이루어져야 할 것이다. 또한 이들 주거에서는 앞서 제시하였던 ADL과 IADL의 기능 제한에 따른 보호가 이루어질 수 있도록 해야 할 것이다. 새로운 주거 형태는 서비스 제공 내용, 공간의 크기, 부대시설 등에 따라 다양한 비용 선택이 이루어질 수 있다.

이를 통해 노인은 개개인의 욕구와 상태에 맞는 주거와 지원형태에 대한 다양한 선택이 이루어질 수 있을 것이다. 예를 들어, 도시 지역에 거주하던 노인은 배우자와 사별한 이후 식사 준비와 가사의 어려움이 발생하기 시작하였으나 가족으로부터의 도움을 받기 어려운 상태이다. 따라서 현재 살고 있는 집에서 어려움이 있는 서비스(일상생활지원서비스)를 이용하거나 또는 해당 서비스가 제공되는 고령자주택으로 이동을 고려해 볼 수 있다.

따라서 일상생활에 제한이 있는 노인은 "본인이 거주하기를 희망하는 집 또는 장소에서 거주하면서 친숙한 사람들과 관계를 유지하면서 적절한 지원과 보호를 받으며 생활하고, 좋은 죽음(well-dying)을 맞이하는 것"으로서 AIP를 실천할 수 있을 것이다. 이를 위해서는 노인의 자립적 생활의 제한이 있는 영역에 대한 적절한 보호가 이루어져야 하며, 보호의 형태는 개인의 선택의 폭을 넓힐 수 있도록 다양하게 구성되어야 할 것이다.

2. 일상생활 수행 제한 노인의 AIP 실천전략

일상생활 수행에 어려움이 있는 노인이 지역에서 계속 거주하는 목표를 달성하기 위해서는 노인을 둘러싼 환경의 변화가 요구된다. 가장 일차적으로는 기능제한을 보완할 수 있는 서비스가 이루어지도록 해야 할 것이다. 따라서 노인돌봄 체계를 재가에 거주하고 있는 노인을 중심으로 개편해야 한다.

둘째, 기능제한을 보완하는 보호 제공자의 다양화가 모색되어야 한다. 노인이 지역에서 계속 생활하기 위한 다양한 자원 중 가족자원을 적극적으로 활용해야 한다. 이 또한 노인의 거주 장소에 대한 선택뿐 아니라 보호제공자에 대한 선택권을 보장한다는 차원이다.

셋째, 노인이 친숙한 사람과 계속적 관계를 유지하면서 적절한 보호를 받으며 생활할 수 있는 주거 마련이 필요하다. 이를 위해서는 주택 개조 등을 통한 환경 개선과 대안적 노인주택 확보가 이루어져야 할 것이다.

마지막으로, 기능상태가 저하된 노인이 지역에서 거주하기 위해서는 일상생활보호서비스 이외의 의료 등의 체계가 노인을 중심으로 재편되어야 할 것이다.

제2절 노인장기요양제도의 정책개선

노인장기요양보험제도는 일상생활이 저하된 노인을 대상으로 보호 서비스를 제공하는 핵심 제도이다. 따라서 장기요양제도의 지향점을 고려한 정책 설계와 운영이 이루어져야 할 것이다. 노인장기요양보험제도는 기본원칙으로서 재가보호 우선원칙을 제시하고 있다. 그러나 여전히 기능에 제한이 있는 노인이 재가에서 생활하는 것에 대한 여러 어려움으로 인해 시설 선호가 점차 증가하는 경향을 보이고 있다.

따라서 노인장기요양제도가 노인이 지향하는 AIP를 달성하기 위해서는 지역에서 거주하면서 보호받을 수 있도록 제도 개편이 요구된다. 노인의 지역 내 계속 거주를 지지하고 촉진하기 위해 재가급여 제공 방식 변화, 가족 보호자에 대한 지원 강화, 재가 거주 노인에 대한 사례관리 도입을 제안한다.

1. 재가급여량 확대 및 재가급여 제공 방식 개편

가. 시설급여와 형평성을 맞춘 재가급여 월 한도액 증액

AIP 관점에서 노인장기요양제도를 분석한 결과에서와 같이 현재 재가급여는 장기요양 등급별 월 한도액 범위 내에서 수급자가 서비스를 선택하도록 하고 있다. 반면 시설급여는 등급별 1일 수가가 지급되는 방식으로 1개월을 기준으로 할 때 동일 장기요양등급이라도 제도에서 소요되는 서비스의 비용은 재가급여 월 한도액에 비해서 높게 나타난다. 물론 본인부담금 비율에 차등을 두고 있으나, 재가급여가 이용액의 15%, 시설급여는 20%로 차이가 크지 않음으로 인해 주로 급여를 선택하는 보호자는 시설급여를 선택하게 된다. 시설을 이용할 경우 24시간 보호와 함께 식사, 거주 등의 문제가 한 번에 해소됨에 따라 보호자는 시설급여를 선호하게 된다. 하지만 앞서 시설에 입소한 노인의 사례에서 나타난 것과 같이 노인의 희망이 반영되지 못한 어쩔 수 없는 선택이다.

따라서 재가에서도 시설의 토털 서비스가 제공되는 방식의 서비스를 이용하기 위해서는 재가급여의 급여 이용량을 증가시킬 필요가 있다. 일차적으로는 시설급여와 재가급여의 선택이 보장되어 있는 1~2등급과 3~5등급 중 시설급여 이용이 승인된 경우, 재가의 급여량과 시설의 급여량이 동일하게 제공되어야 한다.

나. 방문형 급여 제공 변화

재가급여 이용자의 대부분은 방문요양 중심의 서비스를 이용하고 있다. 방문요양의 구체적 내용을 살펴보면, 가사지원과 신체지원 서비스로 구성된다. 이는 장기요양 대상자가 대부분 ADL 제한이 있는 노인으로 가사지원과 신체지원 서비스가 동시에 필요한 경우가 있기 때문이다. 하지만 앞서 〈표 6-1〉에서 제시한 것과 같이 일상생활 기능 항목별로 필요로 하는 각 서비스는 일반적인 제공 빈도를 달리하고 있음을 고려하면, 방문요양을 좀 더 세분화하여 서비스를 제공하는 체계를 갖추어야 할 것이다. 현재는 가사지원, 신체지원, 외출동행 등의 서비스별 제공 기준이 부족함으로 노인의 기능상태와 비공식 자원상태, 주거 형태, 개인 욕구에 따른 세부 서비스 제공이 이루어지도록 해야 할 것이다.

이를 위해 현재 방문요양의 시간단위 수가를 가사지원과 신체지원, 외출지원으로 구분하고 개별 수가를 달리하여 불필요한 보호는 감소시키고, 하루에 여러 회를 방문하여 재가에서 보호받을 수 있는 체계로 전환되어야 할 것이다.

2. 가족 요양에 대한 공식 인정

일상생활에 제한을 가진 노인이 지역에서 계속 생활하고자 할 때 가족은 주요한 자원의 역할을 한다. 특히 장기요양을 필요로 할 수준의 기능 상태의 경우 현재 재가급여만으로는 충분한 보호가 이루어지지 못하는 상황으로 가족의 지원이 보충적으로 이루어지는 경우가 대부분이다. 그러나 현재 제도에서는 가족이 노인을 보호하는 것에 대해 공식적으로 인정하지 않는 형태이다. 그러나 가족을 공식적인 보호 제공자로 받아들이는 것은 현재와 미래를 고려할 때 모두 긍정적 측면이 있다.

2008년 노인장기요양보험제도가 도입되면서 가족의 책임으로 두었던 노인요양이 사회적 책임으로 전환되었다. 이로 인해 노인에 대한 보호가 사회화되었다는 성과를 거두었으며, 노인보호는 급격하게 가족의 역할에서 사회 역할로 전환되고 있다. 또한 노인을 보호하는 가족에 대한 지원과 보상이 전혀 없기 때문에 가족이 보호하기보다는 노인장기요양보험을 활용하고 점차 시설보호를 이용하려는 돌봄 문화가 확대되고 있다. 하지만 일부에서는 여전히 가족 내에서 노인을 보호하기를 희망하고 있으며, 실제 가족 내에서 노인을 돌보는 가족이 지속적으로 나타나고 있다. 이러한 가족의 돌봄수행은 노인이 계속적으로 지역에서 거주하는 것을 가능하게 하는 매우 중요한 요소가 될 것이므로, 이들이 계속적으로 노인을 돌보는 것을 지지하여야 한다. 또한 향후 미래에는 고령화가 심화되면서 사회적으로 요양을 필요로 하는 노인이 증가하고, 보호를 제공할 인력은 부족할 것이다. 따라서 가족은 노인이 지역에서 거주할 수 있도록 하는 주요한 자원의 역할을 할 것이다.

가족에 대한 지원은 돌봄 노동에 대한 대가로서 돌봄수당 지급과 보다 좋은 보호를 제공하기 위한 지지체계 마련을 통해 이루어질 수 있다. 우선 돌봄수당은 가족 돌봄에 대한 급여를 인정하여, 장기요양 대상 노인을 돌보는 가족에 대해서는 일정 수준의 수당을 지급하도록 한다. 이는 단기적으로는 현재 가족요양비와 가족인 요양보호사 제도로 운영 중인 제도의 개편을 통해 가족에 대한 돌봄수당으로 현금을 지급하는 것을 제안하며, 장기적으로는 요양보호사 자격 여부 등을 필요로 하지 않는 온전한 가족에 대한 돌봄수당 도입이 적합할 것이다.

가족에 대한 지원은 노인을 보호하면서 생기는 부담을 감소시키고, 보다 좋은 보호를 위한 교육, 정보 제공, 휴가제도, 휴가 시 대체급여 제공 등이 필요 할 것이다.

3. 노인의 지역단위 종합적 사례관리 체계 구축

노인이 지역에서 계속 거주하기 위해서는 다양한 보호 체계와 여러 서비스가 체계적으로 연계되어 작동될 수 있어야 한다. 노인의 기능상태, 욕구, 가족 및 이웃 등의 도움 자원 등에 대한 분석을 통해 노인이 필요로 하는 서비스를 파악하고, 제공되어야 한다. 즉, 노인에 대한 통합적 평가(assessment)와 그에 따른 서비스가 계획되고 제공되는 체계가 갖추어져야 하며, 노인에 대한 지역 단위의 종합적 사례관리 체계가 마련되어야 할 것이다. 이는 장기요양보험 내의 급여뿐 아니라 의료, 지역 내 서비스와의 연계, 조정, 일부 지원 서비스가 함께 이루어질 수 있도록 해야 할 것이다.

시설에 입소하면 노인과 관련된 대부분의 서비스가 제공되므로, 가족과 노인은 크게 신경 쓰지 않아도 보호를 받게 되지만 지역에 거주하는 노인의 경우는 다양한 보호 서비스를 비롯해 주택 유지, 가정관리 등 생활에 필요한 서비스를 누군가는 직접 정보를 찾고 연락하고, 선택하는 등의 관리를 수행해야 한다. 특히 노인 혼자 또는 노부부가 생활할 경우 이들을 수행함에 어려움이 발생한다.

따라서 의료-요양-복지 서비스를 비롯하여, 생활의 다양한 지원이 이루어질 수 있도록 하는 지역사회 노인 중심의 서비스가 제공되는 관리 체계를 갖추어야 한다.

제3절 의료 및 일상생활 지원, 주택 등의 서비스 개발

일상생활 수행에 제한이 있는 노인이 지역에서 계속 거주하기 위해서는 장기요양보험 이외에도 노인을 둘러싼 여러 지원이 함께 마련되어야 한다. 특히 후기 고령노인의 경우는 의료에 대한 욕구가 매우 높음으로 의료 서비스 접근성은 지역사회에서 생활하는 데 핵심 요소이다. 또한 의료-요양 이외의 소소한 일상생활지원서비스와 노인의 다양한 선택권을 보장하기 위한 지역 내 여러 형태의 고령자 주택이 요구된다.

1. AIP를 위한 이용자 중심 의료 개편

일상생활 활동을 자립적으로 수행하지 못하는 노인은 보호뿐 아니라 기본적으로 의료적 욕구를 동시에 갖고 있는 경우가 대부분이다. 그러나 이들의 경우 병·의원 이용을 위해서는 의료기관을 내원해야 하며 또한 병원에 동행하는 보호자가 필요하므로 이로 인한 어려움이 큰 것으로 조사 결과에서도 나타났다.

현재 의료 체계는 공급 기관을 중심으로 요양시설 촉탁의를 제외하고는 노인이 의료기관으로 이동해야 한다. 이는 기능제한이 있는 노인이 시설이나 요양병원 등으로 이동하게 되는 가장 큰 이유로 작동하게 된다. 따라서 일상생활 수행의 어려움이 있는 노인이 지역에서 계속 거주하기 위해서는 의료 체계를 이용자 중심으로 개편할 필요가 있다.

우선 지역사회에서 노인의 의료에 대한 접근성을 높이기 위해 의사의 방문진료를 위한 왕진제도 개편과 간호사에 의한 방문간호가 확대되어야 할 것이다.

현재 의료법 제33조에 따르면 의료기관을 개설하고 그 의료기관 내에서 의료업을 하도록 하고 있으며, 일부 이용자에 한해 왕진이 이루어지도록 하고 있다. 하지만 정해진 진찰료·진료비 외에 왕진에 소요되는 교통비 등을 실비 수준에서 환자가 부담하고 그 외 비용을 산정하지 않음으로써 실제적으로 의사 왕진은 이루어지고 있지 않다. 그러나 향후 고령인구가 증가하고 이들이 지역에서 계속 생활하기 위해서는 의사의 왕진이 활성화될 수 있어야 할 것이다. 또한 네덜란드의 사례와 같이 간호사에 의한 방문간호 확대는 지역에서 노인의 의료적 접근성을 높여 지역거주가 더욱 가능해질 것이다. 의사에 의한 왕진, 간호사에 의한 방문간호가 확대되기 위해서는 이를 유도할 수 있는 적정 보상이 이루어져야 할 것이다.

또한 최근 실시된 가정방문 호스피스 확대는 앞서 제시한 것과 같이 노인이 지역에서 계속 거주하고 좋은 죽음이 이루어질 수 있도록 하는 기반이 될 것이며, 더 나아가 가정에서 사망한 이후 장례지도사의 도움을 통해 가족이 장례를 치를 수 있도록 지원해야 한다.

2. 일상생활지원서비스 확대

　노인장기요양보험의 대상자는 대부분 ADL에 제한이 있는 노인을 대상으로 하고 있으나, 노인의 기능상태는 그 이전 IADL 부터 제한이 발생하게 된다. ADL에는 제한이 없으나 IADL에 제한이 있는 노인의 경우 필요로 하는 식사 준비, 빨래 등의 가사 지원, 외출 동행, 주택 개·보수 등의 소소한 일상생활에 대한 지원을 필요로 한다. 그러나 아직까지 이들 일상생활지원서비스는 노인의 소비력이 확대되지 못하여 장기요양보험 이외의 사회 서비스로 시장이 형성되지 못하는 한계를 갖고 있다.

　전문가 조사에서도 AIP 실현의 저해요인으로 일상생활지원서비스 부족이 지적된 것과 같이, 실제 지역에서 계속 거주할 때 발생하는 어려움은 실제적으로는 큰 서비스는 아니지만 소소한 일상생활에서 간헐적으로 필요로 하는 서비스인 것으로 나타난다. 이들 서비스의 확대를 위한 사회적 기업 등을 활용한 사회적 서비스로의 확대가 이루어질 수 있도록 지원이 이루어져야 할 것이다.

3. 주택 개·보수 및 대안적 서비스형 고령자 주택 확대

가. 주택 개·보수 지원

　기능이 저하된 노인이 지역에서 계속 거주하기 위해서는 주택의 편리성과 안전성이 확보되어야 한다. 이전 연구에서도 나타난 것과 같이 주택 리모델링은 노인이 지역에서 오래 살 수 있도록 하는 효과가 발견되었다. 우리나라의 경우 주택의 상당수가 아파트 형태를 갖추고 있음을 고려하여 주택 개·보수는 일반 주택에 초점을 두고 개·보수 지원을 하되, 아파트의 경우 가정 내 안전사고가 많이 발생하는 욕실 바닥의 미끄러움, 문턱 제거 등에 대한 지원이 필요하다.

나. 대안적 서비스형 고령자 주택 확대

고령자 주택은 우리나라에서는 아직까지 생소한 형태로 유료노인복지주택 또는 실버타운이라는 용어로 사용되고 있으며, 지금까지 보급되는 형태는 대부분 고비용의 주택 형태를 갖고 있다. 이로 인해 매우 일부 제한적 노인층만이 이용하고 있으며, 또한 건강이 악화될 경우 서비스가 제공되지 않음으로 인해 계속 거주 조건이 이루어지고 있지 못하다. 하지만 점차적으로 고령자 주택에 입소한 노인이 고령화되고 기능이 악화됨에 따라 서비스가 함께 제공되는 노인주택의 확보가 요구된다.

향후 고령자 주택의 확대에서는 지역별 노인의 욕구, 다양한 노인의 계층을 고려한 확대 정책이 요구된다. 우선 농어촌 노인의 경우 지역에 대한 애착심이 높다는 점을 고려하여, 소규모의 공동주택 형태로 개별 서비스가 제공될 수 있는 형태로의 확대가 적합할 것이다. 도시에서는 지역에 대한 애착심이 높지 않다는 점을 고려할 때 고령자 인구가 향후 계속적으로 증가할 것 등을 고려하여 대규모 형태의 고령자 주택이 적합하며, 기능이 저하되더라도 계속적 거주가 가능하도록 외부 서비스와 연계되어 생활이 유지될 수 있도록 해야 한다.

또한 고령자의 다양한 소득수준을 고려한 주택 확보가 마련되어야 할 것이다. 향후 연금수급자의 증가와 현 거주 주택 처분을 통한 유동자산을 활용하여 고령자 주택 입소를 희망하는 계층이 증가할 것으로 예상됨에 따라 다양한 형태의 고령자 주택 모형을 개발하고 확대할 필요가 있다.

참고문헌

국민건강보험공단. (각 연도). 노인장기요양통계연보. 국민건강보험공단.
국토교통부. (2014). 2014년도 주거실태조사. 국토교통부.
국민연금연구원. (2015). 2015년도 국민노후보장패널조사. 국민연금공단.
김미혜, 이석미. (2007). 독일과 네덜란드의 장기요양제도에 관한 연구: 현금급여와 가족수발자를 중심으로. 사회복지정책, 31, 369-396.
김미희, 오지영. (2014). 한국의 연속보호체계형 노인주거환경(CCRCs)의 개발 및 계획을 위한 기초적 연구-한국사례를 중심으로. 한국주거학회논문집, 25(5), 93-102.
김수영, 문경주, 오찬옥. (2015) 고령화 지역의 Aging in place에 영향을 주는 조건분석을 통한 정책방향 탐색. 지역사회연구, 23(2), 137-164.
도주은, 유선종. (2014). 일본 서비스형 고령자 주택의 월납입금 특성 분석. 부동산연구, 24(3), 119-132.
보건복지부. (각 연도). 노인복지시설현황. 보건복지부.
선우덕, 강은나, 황주희, 이윤경, 김홍수, 최인덕 등. (2016). 노인장기요양보험의 운영성과평가 및 제도 모형 재설계 방안. 한국보건사회연구원.
안은희. (2013). 노인 삶의 질 향상을 위한 주거시설개발에 관한 연구: 대학연계 노인주거를 중심으로. 대한건축학회 논문집 계획계, 29(8). 87-94.
양난주, 최인희(2013). 노인장기요양보험제도에서 재가노인돌봄의 변화에 대한 연구. 사회복지연구, 44(3), 31-56.
외교부. (2016). OECD 2016 사회복지지출 통계(SOCX) 주요내용.
우국희. (2017). 섬 지역 고령자의 장소경험과 의미-Aging in place는 가능한가?. 비판사회정책, 54, 260-304.
유선종. (2014). 노인주택 파노라마. 서울: 집문당.
유애정. (2015). 일본 개호보험제도의 2015년도 개정안 분석을 통한 정책적 시사점. 한국노년학, 35(4), 985-1002.
이상림, 강은나, 오신휘, 전홍규, 이한나, 박소정, 류승규. (2016). 초고령사회 대응 지역친화적 노인주거모델 개발 연구. 한국보건사회연구원.
이윤경, 김찬우, 손창균, 선우덕, 정경희, 임정기 등. (2012). 장기요양 등급판정 도구 개편에 관한 연구. 국민건강보험공단, 한국보건사회연구원
임연옥. (2016). 친숙한 지역사회에서 존엄하게 늙어가는 것은 어떻게 가능할까?: 농촌과 도시 거주 노인간 Aging in Place 모델과 경로 비교 분석. 노인복지연구, 71(3), 411-436.
정주원, 조소연. (2013). 주관적 노후인식이 60대 중고령자의 우울에 미치는 영향 연구. 보건사회연구, 33(4), 155-184.
정경희, 오영희, 강은나, 김재호, 선우덕, 오미애 등. (2014). 2014년도 노인실태조사. 보건복지부, 한국보건사회연구원.
정경희, 김경래, 오영희, 이윤경, 황남희, 이선희. (2016). 인구구조 변화에 따른 노인복지정책의 발전 방향. 보건복지부, 한국보건사회연구원.
조아라. (2013) 일본의 고령자 거주문제와 주거정책: Aging in Place를 중심으로. 대한지리학회지, 48(5), 709-727.
통계청. (각 연도). 국가통계포털 국제기구통계.
한은정, 이정석, 박세영, 유애정. (2016). 장기요양 인정자의 급여이용 형태별 부양실태조사. 국민건강보험 건강보험정책연구원.
홍송이. (2017). Aging in Place를 위한 노인복지정책의 비판적 이해 : 싱가포르 사례 연구. 사회과학연구, 43(1), 227-254.
Bedney, B. J., Goldberg, R. B., & Josephson, K. (2010). Aging in place in naturally occurring retirement communities: transforming aging through supportive service programs. *Journal of housing For the Elderly*, 24, 304-321.
Bookman, A. (2008) Innovative models of aging in place: Transforming our communities for an aging population, *Community, Work&Family*, 11(4), 419-438.

Erickson, L. D., Call, V. R. A., & Brown, R. B. (2012). SOS-satisfied or stuck? Why older rural residents stay put: Aging in place or stuck in place in rural Utah. *Rural Sociology,* 77, 408-434.

Evers, A., pijl, M. & Ungerson, C.(eds.). (1994). *Payment for care: a comparative overview.* European center Vienna: Avebury.

Greenfield, E. A., Scharlach, A. E., & Lehning, A. J. (2013). A tale of two community initiatives for promoting aging in place: similarities and differences in the national implementation of NORC programs and villages. *The Gerontologist,* 53(6), 928-938.

Hwang, E., Cummings, L., Sixsmith, A., & Sixsmith, J. (2011). Impacts of home modifications on Aging in Place. *Journal of Housing For the Elderly,* 25(3), 246-257.

Marek, K. D., & Rantz, M. J. (2000). Aging in place: A new model for long term care. *Nursing Administration Quarterly,* 24(3), 1-11.

Neugarten, B. (1974). Age groups in American society and the rise of young-old. *Annals of the American Academy of Political and Social Science,* 415, 187-197.

OECD. (2011). *Help wanted? Providing and paying for long term care.* OECD

Rowles, G. (1983) Geographical Dimensions of Social Support in Rural Appalachian Community, In:Graham Rowles & Russell Ohta(eds.), *Aging and Milieu: Environmental Perspectives on Growing Old.* New York: Academic Press, 231-239.

UN. (1983). *VIENNA International Plan of Action on Aging.* UN

WHO. (2015). *World report on aging and health.* WHO.

Wiles, J. L., Leibing, A., Gurberman, N., Reeve, J., & Allen, R. E. S. (2011). The Meaning of "Aging in Place" to Older People. *The Gerontologist,* 52(3), 357-366.

OECD SOCX database(social expenditure-aggregated data). 2017. 10. 23. 인출.
OECD SOCX database(social expenditure-aggregated data). 2017. 10. 23. 인출.
OECD Health data(health expenditure and financing). 2017. 10. 23. 인출.
OECD Health stats. Long-term care recipients in institution, at home. 2017. 9. 18. 인출.

厚生労働省老健局. (2013). 地域包括ケアシステムについて日常生活圏域ニーズ調査, 持続可能な介護保険制度及び地域包括ケアシステムのあり方に関する調査研究事業報告書(概要版).
地域包括ケア研究会, 三菱ＵＦＪリサーチ&コンサルティング. (2013). 持続可能\な介護保険制度及び地域包括ケアシステムのあり方に関する調査研究事業報告書.
茨城県. (2016). 茨城型地域包括ケアシステム推進マニュアル.

국민건강보험공단 노인장기요양보험 홈페이지(WWW.longtermcare.go.kr).
미국 질병예방관리센터 홈페이지(www.cdc.gor).

간행물회원제 안내

▶ **회원에 대한 특전**
- 본 연구원이 발행하는 판매용 보고서는 물론 「보건복지포럼」, 「보건사회연구」도 무료로 받아보실 수 있으며 일반 서점에서 구입할 수 없는 비매용 간행물은 실비로 제공합니다.
- 가입기간 중 회비가 인상되는 경우라도 추가 부담이 없습니다.

▶ **회원종류**
- 전체간행물회원 : 120,000원
- 보건분야 간행물회원 : 75,000원
- 사회분야 간행물회원 : 75,000원
- 정기간행물회원 : 35,000원

▶ **가입방법**
- 홈페이지(www.kihasa.re.kr) - 발간자료 - 간행물구독안내

▶ **문의처**
- (30147) 세종특별자치시 시청대로 370 세종국책연구단지 사회정책동 1~5F
  간행물 담당자 (Tel: 044-287-8157)

KIHASA 도서 판매처

- 한국경제서적(총판) 737-7498
- 영풍문고(종로점) 399-5600
- Yes24 http://www.yes24.com
- 교보문고(광화문점) 1544-1900
- 서울문고(종로점) 2198-2307
- 알라딘 http://www.aladdin.co.kr